全面建设小康社会新金融系列丛书

科技金融：
金融促进科技创新

靖　研　明振东◎著

中国金融出版社

责任编辑：王　君
责任校对：潘　洁
责任印制：陈晓川

图书在版编目（CIP）数据

科技金融：金融促进科技创新/靖研，明振东著. —北京：中国金融出版社，2021.11
（全面建设小康社会新金融系列丛书）
ISBN 978 - 7 - 5220 - 1206 - 3

Ⅰ.①科…　Ⅱ.②靖…②明…　Ⅲ.①科学技术—金融—研究—中国
Ⅳ.①F832

中国版本图书馆 CIP 数据核字（2021）第 257480 号

科技金融：金融促进科技创新
KEJI JINRONG：JINRONG CUJIN KEJI CHUANGXIN

出版
发行　**中国金融出版社**

社址　北京市丰台区益泽路 2 号
市场开发部　（010）66024766，63805472，63439533（传真）
网上书店　www. cfph. cn
　　　　　（010）66024766，63372837（传真）
读者服务部　（010）66070833，62568380
邮编　100071
经销　新华书店
印刷　北京七彩京通数码快印有限公司
尺寸　169 毫米×239 毫米
印张　10.5
字数　155 千
版次　2022 年 3 月第 1 版
印次　2024 年 11 月第 3 次印刷
定价　46.00 元
ISBN 978 - 7 - 5220 - 1206 - 3
如出现印装错误本社负责调换　联系电话（010）63263947

序 一

新征程已经开启。习近平总书记在庆祝中国共产党成立100周年大会上庄严宣告："经过全党全国各族人民持续奋斗，我们实现了第一个百年奋斗目标，在中华大地上全面建成了小康社会，历史性地解决了绝对贫困问题，正在意气风发向着全面建成社会主义现代化强国的第二个百年奋斗目标迈进。"党的十九届五中全会通过了《中共中央关于制定国民经济和社会发展第十四个五年规划和二〇三五年远景目标的建议》，新发展阶段、新发展理念、新发展格局成为一条贯通全文的主线，也是指引我国在新征程上行稳致远的旗帜。

新时代呼唤新金融。改革开放以来，我国金融进入了发展的快车道，取得了长足的进步，完成了从量的扩张到质的飞跃的转变。随着经济转型和深化改革不断推进，金融业的发展逐步由规模的增长向效率的提升转变；由依托金融机构的发展向注重金融功能的发挥转变；由金融业态的丰富向注重金融生态的优化转变。进入新时代以来，随着国际国内形势的深刻变化，我国的金融发展又一次面临新的历史机遇，同时也面临一系列新的挑战。这些新机遇、新挑战，主要来自以下方面：一是经济发展方式的转变，高质量发展需要新的增长动力，科技和创新成为重要引擎；二是环境约束日益显著，推动可持续发展，践行"绿水青山就是金山银山"的理念不断深入人心；三是推进共同富裕成为共识，如何在奋进中共享发展成果成为激发活力的重要议题。这些新机遇、新挑战，应时代而生，不断演化，彼此交错，激发各界进行新思考和新探索。

新金融发展离不开理论与实践的探索。在这个进程中，浙江金融职业学院（以下简称浙金院）勇于探索实践，不断开拓创新，在金融发展以及推动经济高质量发展事业中树立了良好的声誉，发挥了积极作用，取得了显著的成效。一方面，人才培养成效突出，建校以来为浙江、长三角地区乃至全国培养了 5 万余名各类金融相关人才，其中担任支行副行长及以上高级管理人员 5000 人左右；另一方面，科研和社会服务并驾齐驱，正成为推动浙金院实现新跨越的新动力。近年来，浙金院的学术研究团队在专业论文发表、学术专著出版、政府决策参考和行业发展咨询等领域取得了一系列成果，不少成果受到国家领导人和省领导的批示肯定。学校还建立了浙江省软科学重点研究基地（科技金融创新研究基地、服务浙江万亿金融产业协同创新中心、浙江地方金融研究中心）等组织，组织专职与兼职相结合的力量系统开展教学和研究工作，而本套丛书的撰写是浙金院科研和社会服务成果的新体现。

本套丛书由浙金院中青年学者撰写，共有《绿色金融：结构优化与绿色发展》《数字普惠金融：中国的创新与实践》《数字金融：智能与风险的平衡》《农村金融：金融发展与农民收入》《科技金融：金融促进科技创新》等 5 部著作。丛书回应了新时代的呼唤，彰显了新金融的特点，聚焦在科技金融、数字金融、绿色金融、普惠金融等当前金融理论和实践领域的重大问题、前沿问题。本套丛书具有鲜明的特点：既有理论研究，也有实践应用；既有历史回顾，也有前沿探索；既有国际视野，也有区域特色。

新的蓝图已经绘就，新的征程已经开启。希望以本套丛书的出版为平台和契机，进一步加强与各位师长、同仁、朋友的广泛交流，推动与金融理论与实践研究者、管理者和工作者的深入探讨，齐心协力，勤力前行，共同谱写新发展格局下金融发展事业的新篇章。

周建松

浙江金融职业学院党委书记

浙江地方金融发展研究中心主任　浙江省金融学会副会长

2021 年 10 月

序　二

党的十八大以来，习近平总书记把创新摆在国家发展全局的核心位置，高度重视科技创新，围绕实施创新驱动发展战略、加快推进以科技创新为核心的全面创新，推出一系列新思想、新论断、新要求。

抓创新就是抓发展，谋创新就是谋未来。新发展阶段，中国实现高质量发展的关键是坚持实施创新驱动发展战略，推动以科技创新为核心的全面创新。

党的十九大提出，要着力加快建设实体经济、科技创新、现代金融、人力资源协同发展的产业体系。《中华人民共和国国民经济和社会发展第十四个五年规划和2035年远景目标纲要》进一步强调，构建实体经济、科技创新、现代金融、人力资源协同发展的现代产业体系。科技创新和金融创新是实现高质量发展的两大动力，两者的协同意义重大。这些年来，国内多地围绕科技、金融的创新与结合进行了大量富有成效的探索，许多实践走到了理论研究之前。因此，我们需要总结这些创新的成功与挫折，把科技金融工作推向深入；我们也需要借鉴先进国家（地区）的经验，结合国情探索科技金融的中国模式。这也是本书的意义所在。

《科技金融：金融促进科技创新》一书，抓住科技与金融这两个关键词，深入跟踪自科技金融作为一个新兴的、独立的学术研究领域以来，理论界与实践者对其的关注与研究。该书分四个篇章展开，阐释了科技金融的概念、起源与发展，从产业、国家、政策等不同视角呈现科技金融理论与实践的发展与演进，分析了不同金融工具如何助推科技产业创新，探讨了国家科技金融的发展方向，归集了国内各层级具有特色的科技金融政策；为中国科技金融的创新发展提供了一个既有可读性又有可行性的参考范本。

靖研女士与明振东先生多年从事服务创业创新工作，促进"产学研创用"融合。明振东先生作为全国首家数字经济组织——杭州数字经济联合会秘书长，兼任浙江大学中国数字贸易研究院研究员、国家级期刊《智能物联技术》编委会副主任。两位作者负责的数字经济科技志愿服务项目获得中央宣传部、中央文明办等部门和单位共同组织开展的2020年度全国学雷锋志愿服务"四个100"先进典型宣传推选活动最佳志愿项目。

两位作者为完成书稿倾注了大量心血，此书如能出版，将为科技界、金融界和更多关注中国科技创新和产业发展的学者和一线参与者提供借鉴。中国的科技金融事业具有理论探索和实践创新相结合的特色，特别是几个先行地区的科技金融工作，既面向经济建设主战场，又符合当地的科技与产业发展需求，书稿中的案例具有启发性和示范性，此书的出版将推进国内科技金融的创新进程，同时推动理论研究和实践的深入。

感谢两位作者的辛勤付出，希望此书早日出版！

原杭州市科委党组书记、主任

2021. 6. 3

前　言

党的十八大提出实施创新驱动发展战略。党的十九大报告明确提出，创新是引领发展的第一动力，是建设现代化经济体系的战略支撑。到2035年，中国将要跻身创新型国家前列。党的十八大以来，我国先后制定了《关于深化科技体制改革　加快国家创新体系建设的意见》（中发〔2012〕6号）和《国家创新驱动发展战略纲要》等一系列方针政策，旨在充分释放科技对经济发展的支撑作用，从而摆脱以往陈旧的经济发展模式，实现经济高质量发展。金融是现代经济的核心，是加快科技创新、建设创新型中国的加速器和催化剂。

1993年，深圳市科技局最早提出了"科技金融"这个专有名词，旨在通过金融的手段和方法推动高新技术的快速进步。时至今日，科技金融在中国已经走过了27年的历程。实践证明，科技与金融深度融合是促进科技开发、成果转化、高新技术产业发展的基本需要。合理的金融安排和良好的金融服务，是提高科技创新能力的基础和保障。科技与金融在当今社会的深度融合，可以有效促进现代科学技术的创新和应用。党的十八届三中全会明确提出"健全技术创新市场导向机制，发挥市场对技术研发方向、路线选择、要素价格、各类创新要素配置的导向作用；改善科技型中小企业融资条件，完善风险投资机制，鼓励商业模式创新；促进科技成果资本化、产业化。"由此可见，科技金融的快速发展在建立中国创新体系的过程中发挥着至关重要的作用。

科技金融体系是促进科技开发、成果转化和高新技术产业发展的一系列金融工具、金融制度、金融政策与金融服务的系统性、创新性设计与规划，是向科学与技术创新活动提供金融资源的企业、市场、社会中介机构（银行、证券、保险及金融中介等各种金融主体）及其在科技创新融资过程中的行为活动共同组成的一个体系，是国家科技创新体系和金融体系的重要组成部分。随着科技金融理论和实践探索的不断深入，因地制宜的思想不断嵌入科技金融服务模式，不同地区的科技金融发展极具地方特色，对各地实施创新驱动发展战略起到了强有力的支撑作用。然而，由于金融自身功能、风险偏好以及金融结构不平衡性的存在，科技金融在服务科技创新方面存在着不可避免的局限性，从而大大延缓了金融作为科技创新加速器作用的发挥。积极探索科技金融深度融合的新机制，构建科技金融工作服务体系，丰富科技金融产品，促进科技、金融与产业融合发展，培育更多高新技术企业和科技型中小企业，使"科技＋金融"成为点燃中国城市群创新发展的新引擎，是新时代实现中国高质量协同发展的必然要求。

本书从国际、国内两条分析路线展开。国际层面，从科技金融业务范畴展开，分析了西方发达国家科技金融发展的历程，在充分探讨科技金融体系发展一般规律的基础上，试图找到科技金融体系发展的历史趋势，为中国科技金融体系的建设提出有针对性的借鉴参考。国内层面，在系统梳理我国科技金融发展政策和工具特征的基础上，深入剖析了北京、上海、深圳、江苏和浙江等科技金融发达地区的发展经验。本书旨在充分发挥高校服务地方经济社会发展的智库功能，为政府部门、企业、金融机构等提供决策参考和建议，有助于政府了解科技金融体系内各金融机构、各科技型中小企业的发展情况，在此基础上，把握经济新常态，从政策层面助力长三角、京津冀等区域内科技金融体系的建立和完善。

本书由浙江金融职业学院绿色金融科研创新团队完成，郭福春教授、陶再平教授担纲内容框架设计及最终修改定稿。本书得到浙江金融职业学院高水平科研创新团队绿色金融科研创新团队（2021QN08）项目资助。本书在写作过程中参考了大量专家学者的学术著作、研究报告和文献期刊，在此一并表示感谢。

靖　研　明振东
2021 年 5 月

目　　录

第一章 科技金融内涵阐释

一、科技金融源起

（一）科技与金融融合理论溯源

1. 科技和资本对接思想萌芽

关于科技与金融的结合，最早可见诸古典经济学家亚当·斯密的《国民财富的性质和原因的研究》，该著作论证了与货币有关的各种金融行为，特别强调了银行对经济增长的重要推动作用。亚当·斯密认为，良性发展的银行活动促进产业发展，利用闲置资本追逐利益的特性，能够促进产业良性发展。亚当·斯密阐述了银行活动对生产过程中科学技术所起的作用。在社会化分工细化进程中，任何社会的土地和劳动年产物通过两种途径来增加：第一，雇佣和使用更多的有用劳动力；第二，提高和改进劳动力的生产力。可见当时条件下，科技进步表现为劳动者劳动生产力的提升及其使用的机械等劳动工具的改进。

政治经济学集大成者卡尔·马克思在《资本论》中对资本与技术的相互作用也进行了经典论述。其在"资本技术构成"中，实质上指出资本积累对资本技术构成的提高具有促进作用（《资本论》第三卷）。资本技术构成表明，资本在物质形态上由生产资料和相应劳动力组成，在生产效率和技术水平一定的条件下，一定数量的生产资料和劳动力以适当的比例进行产业生产，随着技术进步和劳动生产率的提升，社会劳动生产率随之提升。而通过不断积累和投入物质资本，可以购买更多的机器设备、技术工具等生产资料，雇佣更多相适应劳动力，达到研发新技术所需的资本投入，从而提高资本技术构成。这阐明了资本的积累对生产技术水平和劳动生产率提升有积极作用。[①]

2. 金融与技术结合理论基础

1912 年，创新经济学奠基人、奥地利经济学家约瑟夫·熊彼特（Joseph Alois Schumpeter）在其经典著作《经济发展理论》中，首次提出了"创新是生产要素重新组合"的重要概念，他是迄今最早讨论贷款对创新重要性的学者之一。他认为，技术创新是推动社会发展的重要动力，而企业能否成功实现技术创新，有赖于能否从银行等金融机构获得资金支持。在这一过程中，银行等金融机构通过判别市场信号，选择并支持具有创新能力和创新产品，具有销售潜力的企业，从而在客观上推动了社会整体的技术进步。

此外，熊彼特创新经济学的主要贡献在于从创新角度对创新与经济周期进行了深入研究，提出创新具有典型的周期性特征，在经济发展中表现为繁荣与萧条的交替进行。技术与制度创新下，新领域诞生，并催生了新的经济增长空间，资本要素也随之转移和重组。此时，由于技术的不断发展和普及，由新技术带来的边际收益递减，行业的平均利润也趋于零，从而，现有的生产关系与生产力之间的矛盾逐渐凸显，随之产生的是经济的衰退以及原有结构的分解。伴随着新技术、新制度的出现，经济的发展周而复始。

技术与创新学者卡洛塔·佩雷斯（Carlota Perez）在其经典著作《技术革命与金融资本——泡沫与黄金时代的动力学》一书中，系统阐述了金融资本与技术创新融合的基本范式，强调金融资本是推动技术革命与经济发展的重要动能，按照"技术革命—金融泡沫—崩溃—黄金时代—政治动乱"的顺序循环往复，形成固定周期。

此外，佩雷斯对人类历史上五次技术革命进行了详细论述，认为五次技术革命拥有一个共同的特点和变化趋势，即技术的变革突破会对市场需求产生冲击和影响，因为新技术和新产品的出现经常蕴含着巨大的市场商机和收益，对于市场异常敏感的风险投资家，出于对高额利润和市场潜力的追求，一般都会率先对革新技术进行投资，金融资本和技术进步相互作用的影响过程便是其基本范式。佩雷斯将技术革命引发的经济演化分为两个时期（导入

---

① 于国庆. 科技金融——理论与实践［M］. 北京：经济管理出版社，2015.

期和展开期）、四个阶段（爆发阶段、狂热阶段、协同阶段和成熟阶段）。其中：爆发阶段是技术时代，是新技术范式逐渐取代旧技术范式的开始；狂热阶段则表现为大量金融资本开始疯狂追逐技术，出现新技术、新兴产业的过度杠杆性融资，最终脱离实体经济能承受的合理性区间，产生金融泡沫直至破裂；协同阶段则表现为技术进步放缓并逐渐走向商业化、产业化过程，金融资本同产业资本逐渐形成稳定、协同的相互关系；成熟阶段则表现为技术创新由于技术成熟和市场饱和出现动力衰竭，同步引发创新收益逐渐递减、增长乏力等问题。而金融资本面临增长乏力通常会选择新的创新投资项目或创新领域，成为新一轮核心技术、新兴产业的酝酿和培育期，循环往复。

（二）科技与金融协同演化

1. 科技与金融融合促进

无论是理论探究，还是历史实践，都证明了科学、技术进步与金融发展水平一直处于螺旋形上升的动态协同演化中。一方面，由一系列集群式的科技创新引发的技术进步，推动了产业革命的发生和演进，与此同时，金融资源在推动科技创新、技术进步过程中扮演着至关重要的"助推器"或"导航仪"作用，加速了金融与科技资源的配置优化，并提供了"利益共享、风险共担"的风险工具，为科技创新的不确定性、外部性、高风险性、高复杂性和高收益性提供了有效的金融制度安排；而另一方面，技术创新的推进与传播，也会带动相关产业的升级转型，特别是对于金融行业而言，作为国民经济重要的服务性行业，金融行业同样需要不断适应技术变迁所带来金融工具的创新、金融市场组织的变革、金融技术和手段的创新。实践中，科技活动催生带来的金融科技发展及新的金融业态都为金融市场提供了更为广阔的发展空间，也为金融部门带来了利润增长的新动力。因此可以说，在技术进步与金融发展的不断演化中，逐渐实现了经济增长的"双轮驱动"。

科学技术作为第一生产力，其研发创新和产业化过程等需要金融资源的支持和保障；同理，科学技术的创新发展也为金融行业的持续性发展提供了必要的发展空间。纵观全球的产业单命演进历史，每一次影响深远的产业革命无不兴起于科技革命，而成就于金融创新，科技革命和金融创新的紧密结合是社会生产方式变革和推动生产力提高的重要引擎。英国萨塞克斯大学（University of Sussex）技术与创新学者卡洛塔·佩雷斯对技术创新与金融资本的基本范式进行了全面阐述，强调金融资本对于重大技术创新产生和扩散的重要意义。卡洛塔·佩雷斯的著作认为，风险资本家为获得高额利润，会在新技术早期的爆炸式增长中提前进入，从而推动金融资本与科技创新的深入结合，加速了创新行业的繁荣和金融资本的几何级增长。同时，该著作还揭示出，迄今为止的全球五次技术革命无一不伴随着技术—经济范式的交融推进，每次技术革命成功带来的经济社会的财富效应过程，金融创新都起着举足轻重的作用，同时又伴随和催化新一轮的技术变革及扩散。

2. 科技与金融融合促进

"科技金融"在中国实践中应用较为频繁，它的产生与中国科技体制改革进程以及金融体系变革发展密切相关。追溯这一词汇在国内的真正起源，最早出现在1988年刊发在《科学管理研究》中的《对建立科技金融市场的构想》一文中，文章谈及了"风险投资"、"科技贷款"和"科技保险"等概念。而政府官方用语则是在1992年，广东省深圳市科技局在《深圳特区科技》发表的《科技金融携手合作扶持高新技术企业》一文中，初步形成了对科技金融的初步概念。1993年，"科技金融"作为一个独立法律词汇，出现在《中华人民共和国科学技术进步法》中。同年，中国科技金融促进会正式成立，其宗旨是"促进科技与金融的结合"，通常认为，这是中国科技金融事业正式开始的重要标志。进入21世纪以后，在国家创新驱动发展战略的实施和转型与中国金融制度改革影响下，特别是从2011年确定的首批促进科技和金融结合试点地区先导实践开展以来，中国的科技金融学术研究掀起了一股新的高潮。

2011年7月，国家科学技术部发布了《国家"十二五"科学和技术发展规划》（以下简称《规划》），明确提出"将完善科技与金融结合机制，建立多渠道科技融资体系。加快发展服务科技创新的新型金融服务机制，积极探索支持创新的融资方式"。在《规划》的"重要指标和名词解释"中，将"科技金融"界定为"通过创新财政科技、财政投入方式，引导和促进银行业、证券业、保险业金融机构及创业投资等各类资本创新金融产品，改进服务模式，搭建服务平台，实现科技创新链条与金融资本链条的有机结合，为初创期到成熟期各发展阶段的科技企业提供融资支持和金融服务一系列政策和制度系统安排。"科学技术是第一生产力，金融是现代经济核心，科技创新源于技术而成于资本。为了充分挖掘和实现科技创新的潜在价值，需要给科技创新插上金融资本的翅膀。

为了实现科技创新、实体经济、现代金融的有机结合和良性循环，需要科技与金融两大系统之间深度融合。科技金融不是简单地把科技要素、金融机构和金融工具等简单地堆砌起来，而是依靠完善的科技金融生态系统实现其有机融合。单纯的要素堆积无法实现科技与金融间的融合，也体现不出科技金融的深度。科技金融，不能简单地理解为一个金融工具、一个产业、一个范式或一个政策。科技金融是一项复杂的系统工程，需要精心的顶层设计，把众多科技要素、金融机构和工具、市场要素、政策等融合在一起，才能够健康成长。从系统工程角度看，完整的科技金融不仅包括科技要素和金融要素，还应包括科技金融赖以生存和发展的生态系统。

按照党的十八届三中全会提出的围绕产业链部署创新链，围绕创新链完善资金链，鼓励金融资本、社会资本、科技资源相结合，可把科技金融的结构归结为基于产业链来部署创新链，而创新链并非空中楼阁，需要围绕创新链来完善资金链。但是，只有产业链、创新链、资金链还不够，还需要有服务链，也就是要打造"四链融合"。"四链融合"能检验科技金融的设计是否符合规律。其中，服务链是否形成是一个重要的标准。它是融合产业链、创新链、资金链的重要润滑剂，如果没有完善的服务链来提升它们的水准，产业链、创新链、资金链就是隔离的，这仍然不是理想的科技金融。所以，顶层设计上一定要为实现"四链融合"去构造符合科技金融发展规律的生态系统。科技金融生态系统涉及人才战略、财税政策、土地政策等，只有将这些因素协同融合，才能够优化科技金融生态环境，有利于落实创新驱动发展战略的实施。

当前，我国科技金融发展中存在产品创新不够、中介服务体系不完善、市场活跃度不高等突出问题。应在顶层设计、产品创新、服务体系、政策支持等方面构建科技金融生态系统，构建由金融、科技、管理等多要素，科技金融产业、现代科技服务业等多领域以及人才、政策、平台、机制等共同作用的多维度、多层次科技金融生态系统。

二、科技金融内涵

（一）科技金融定义

1. 科技金融诞生

综观西方经济学关于经济增长、创新与金融发展理论的演变历史，并没有"科技金融"这一学术概念。"科技金融"起源于中国探索科技与金融结合促进科技和经济发展的过程中，在政府和业界的实践探索下逐渐发展成为具有中国特色的政策术语和学术概念。从国家中长期科学和技术发展规划纲要的制定、建设创新型国家的战略部署，到国家创新驱动发展战略纲要的实施，科技与金融结合，从政府业务工作层面的实践探索走向了国家战略层面的顶层设计。科技金融在推动产业链、创新链和资金链"三链融合"发展过程中发挥了巨大作用，成为科技创新与体制机制创新"双轮驱动"的重要组成部分。

佩雷斯关于技术创新与金融资本关系的分析范式，成为当前公认的科技金融的理论渊源。

"科技金融"作为具有中国特色的政策概念和术语，起源于改革开放后政府在经济、科技等领域的改革过程中探索财政、金融支持科技和经济发展的实践活动，雏形以改革开放以来财政、金融等支持科技发展的具体工具或政策为表现形式。在随后较长的一段时间里，"科技金融"也仅仅是作为"科技与金融"的简称或"科技与金融结合"的缩写出现。直至1992年11月10日成立中国科技金融促进会，并在1994年于广西南宁召开的中国科技金融促进会首届理事会扩大年会上提出"我国科技金融事业是根据科技进步与经济建设结合的需要，适应社会经济的发展，在科技和金融体制改革的形势推动下成长发展起来的"（房汉廷，2015a），这是"科技金融"作为独立概念第一次较为正式的阐释。

20 世纪 90 年代开始,"科技金融"一词被独立使用的频率不断提高,但依旧主要用于指代"科技与金融结合"。少数学者开展了有关"科技金融"的相关理论研究,但主要集中在实践工作和政策设计方面的探索。随着 2006 年《国家中长期科学和技术发展规划纲要(2006—2020 年)》及其配套政策中关于科技与金融结合的多项政策措施的出台和实施,科技金融结合的实践活动快速发展,"科技金融"逐渐成为一个相对独立的政策性概念,并开始引起学术界的关注,也逐渐被纳入学术研究范畴。

2. 科技金融定义

中国众多学者对"科技金融"的概念、表现与特征开展了多种角度的探讨。四川大学的赵昌文教授团队是国内第一个系统研究中国科技金融议题的,其 2009 年出版的《科技金融》一书对其概念进行了界定:科技金融是"促进科技研发、产业化和高新技术企业发展的一系列金融工具、制度、政策及服务的系统性、创新性安排,是由政府、企业市场、社会中介机构等各种主体及其行为活动共同构成的一个体系,是国家科技创新体系和金融体系的重要组成部分"。赵昌文教授认为,科技金融体系主要包含科技财力资源、创业风险投资、科技资本市场、科技贷款、科技保险和科技金融环境六大组成部分。这一概念首次较为完整地对科技金融的目的、手段、途径、参与主体和组成部分进行了细致全面的阐述。虽然全书论述较为全面,但也体现出描述过于宽泛的特性,甚至有些学者认为其定义偏向"工具论",技术与金融都是高新技术产业发展的外生变量。这一理论也无法解释 1771 年以来反复发生的技术—金融—经济长周期变化规律,但这并不妨碍其成为后续学者认可和引用率较高的解释之一。

房汉庭(2010)受熊彼特创新经济学和佩雷斯《技术革命与金融资本》技术—金融—经济范式思想的影响,认为科技金融应包含以下四个方面:(1)科技金融是一种创新活动,是企业家为把科学技术转换为实际生产活动的融资行为总和;(2)科技金融是技术与经济融合的基本范式,新技术为新经济提供发展空间,金融则为新经济提供动力与资源,二者结合形成"双轮驱动"的新经济模式;(3)科技金融是技术创新的资本化过程,金融资本将创新技术转化为实际社会财富,实现原有技术的价值提升;(4)科技金融是金融资本实现优化的过程，同质化的金融资本通过投向于不同的技术项目，从而获得不同的高附加值回报。

房汉廷（2015）进一步探析了科技金融的本质，修补了先前被忽略的企业家—经济范式，总结出较完整的"科技金融"定义，即科技金融是一种促进技术、创新资本、企业家精神等创新要素有效融合的新经济范式，其功能在于帮助企业最终实现高附加值提升以及市场竞争力提高的目标，通常由技术—经济范式、金融—经济范式和企业家—经济范式三个紧密联系的子系统构成。

李心丹和束兰根（2013）从整合科技金融一系列资源和促进整个高新技术产业发展的角度对"科技金融"也进行了界定："金融资源供给者依托政府科技与金融结合的创新平台，通过对创投、保险、证券、担保及其他金融机构主体等金融资源进行全方位的整合创新，为科技型企业在整个生命周期中提供创新性、高效性、系统性的金融资源配置、金融产品设计和金融服务安排，以促进科技型企业对金融资源或资本需求的内生性优化，进而保障企业技术革新有效提升并推动整个高新技术产业链加速发展的一种金融业态。"

毛道维、毛有佳（2015）基于逻辑学理论将科技金融定义拆分为内涵与外延两部分，其中："科技金融"的内涵是推动技术创新与科研成果转化的金融资源配置行为，而其外延还包括"政策性金融"、"商业性金融"和"政策性与商业性相结合的金融"三种金融资源配置模式：从狭义和广义角度、企业生命周期阶段和政府职能各维度区分，狭义"科技金融"指开始于种子期、初创期、止于成长期等企业生命周期阶段的所有金融资源配置，包括商业性金融和政策性金融，大致对应英文文献中的"Venture Capital"和"Entrepreneurial Finance"概念。广义"科技金融"是在狭义"科技金融"加上承接风险资本退出与科研成果转化的资源配置，其中包括产业基金、并购重组基金等资本市场投资主体。

相比之下，贾康等学者（2015）则基于金融视角更倾向于将"科技金融"界定为一种为科技创新及其成果转化提供完整金融服务的新型业态，其核心功能是推动技术创新与金融资源的优化配置，在满足科技融资需求的同时，加速金融创新与金融行业发展。科技金融的服务主体——金融机构，其服务对象是科技创新型企业，通过金融创新，推动科技与金融的有效结合，最终实现创新力和竞争力提升，其具体内涵包含以下三个方面：（1）科技金融是"第一生产力"（科学技术）与"第一推动力"（金融发展）的有机结合体；（2）科技金融可进一步细分为科学金融（Science Finance）与技术金融（Technology Finance），其大部分问题主要还是依靠政府与市场相结合的方式加以解决；（3）科技金融是包括理论、政策、工具和服务的系统性安排。

国内不少学者对科技金融做出了相关定义。而从政府政策和实践来看，具有代表性的是《规划》将科技金融定义为：科技金融是指通过创新财政科技投入方式，引导和促进银行业、证券业、保险业金融机构及创业投资等。

（二）科技金融内涵

1. 科技金融内涵

尽管"科技金融"（Science and Technology Finance）一词已经在理论界和实践中被广泛运用，但是，对其内涵的界定仍然莫衷一是，远远没有形成共识。中国知网（CNKI）的搜索显示，在 2000—2020 年，以"科技金融"为关键词的搜索结果达到 6401 条，而在 2000—2009 年对应的搜索结果仅仅为55 条。这说明近年来对科技金融相关问题的研究急剧增加，这些研究涉及科技金融的结合、创新、服务、意义、平台以及统筹等内容。

科技与金融的结合是在社会发展过程中，为了适应生产力发展的需要，寻求两者结合的最佳途径和机制这一现实而提出的，世界各国也都在努力推进科技金融产业的发展。从其内涵来看，科技产业与金融产业本属于两个不同的产业，而科技金融主要涉及科技产业与金融产业的结合，因而科技金融应当被归属于产业金融的范畴。同时，基于现实考察可以发现，由于高新技术企业通常是面临极大不确定性的高风险产业，风险高、收益不确定，对资金的需求也较大，而金融产业与科技产业的融合，能够为高新技术产业的发展提供有效的资金保证。由此可知，科技金融本质上描述的是高新技术企业寻求融资的一个过程，反映了两者之间一种相互依赖、共同分享利益的关系。

尽管科技金融在实践中已经被反复提及并得到广泛应用，对其进行规范的定义却是最近的事。"科技金融"一词最早于 1993 年被提出，但是，由于国外理论界对科技金融的研究并没有形成一个完整独立的研究领域，更没有对其内涵进行统一的界定。国内对科技金融的广泛关注，则源于1994年在南宁召开的第一届中国科技金融促进会理事扩大年会。该次大会指出，"我国科技金融事业是根据科技进步与经济建设结合的需要，适应社会经济的发展，在科技和金融体制改革的形势推动下成长发展起来的"，自此后"科技金融"一词开始频繁出现在公开场合，如报纸、期刊、政府公文中等。

科技金融实际上是一种融资手段，这一融资活动的参与者包括政府、科技企业、金融市场、相关的社会中介机构以及其他社会团体，而这一融资过程包括融资制度的建立、融资工具的使用、融资服务的履行、融资政策的实施等内容。根据科技金融的定义还可以发现，由于"科学技术是第一生产力"，而金融被视为生产活动的第一推动力，科技金融因而也是第一生产力和第一推动力的结合。与此同时，由于科技金融包含了科技与金融两方面的内容，是一个跨学科的概念，因此又可以被进一步细分为"科学金融"和"技术金融"。从广义上看，科技金融是包含了相关理论、科技政策、金融政策、融资工具、工资服务等诸多内容的一项系统性制度安排，既包括一般意义上的科技研发、科技成果转化、科技成果产业化等各种金融问题，也包括一系列针对重大性科学技术问题的解决方案，这些解决方案主要涉及与国家发展战略和企业发展战略相关的金融制度安排、科技研发经费投入等内容。

总而言之，科技金融是科技与金融的结合，两者相互依赖、互为影响，是一个国家的经济水平发展到一定程度后的一项制度创新和政策安排，不同时期对其的理解和认识也存在差异，因而，科技金融还是一个动态完善和演进的概念。

2. 科技金融功能

科技研发是高新技术产业的发展基础，科技成果转化是高新技术产业的核心环节。然而，根据中国科学院计算技术研究所所长李国杰院士的论述，就我国目前的现状而言，不仅企业、大学以及相关科研机构的创新能力很弱，而且我国的科技成果转化也是国家创新体系中极为薄弱的环节，"我国在基础研究到企业产品开发的过程中，有90%的科研成果'死掉'了"。科技研发成果从实验室走向市场的过程也被美国国家标准技术研究所称为"死亡之谷"。尽管出现这一局面的原因多种多样，但不可否认的是，缺乏必要的金融资本支持，是妨碍科技研发和科技成果转化的最主要原因。因此，这也正好反映了科技金融的主要功能是满足科技研发和科技成果转化的需要，促进高新技术企业的发展。

从科技金融的内涵来看，作为一项金融制度安排，科技金融主要与科技研发、科技成果转化以及高新技术产业发展三个问题联系在一起，因而我们接下来将基于这三个不同层面，对科技金融的功能展开论述。

第一，满足科技研发的需要。科技研发的一个关键问题是，从事科技研发的主体如何筹措到满足技术研发需求的资金。从目前科技研发经费的来源看，主要包括国家各级政府的财政拨款、接受外单位（包括政府、企业）委托的资金、国外资助和援助等途径，还有一些研发主体也采取银行贷款和自筹资金的模式。由于科技研发具有投入大、产出不确定的特征，往往投入极大的经费也不一定能够取得技术的突破性革新。同时，无论采取哪一种筹措方式，也并不一定能满足科技研发所需的资金。以财政拨款为例，我国科技研发活动的资金主要来源便是各级政府的财政拨款，但是，其一由于财政拨款数额有限，其二是研发主体众多且经费需求大，因此财政拨款对科技研发的支持力度远远不能满足其需求，而且从财政拨款推动科技研发的这种运作模式看，我们认为也是不尽合理的，并不能够保证科技研发的高效率。在这种情形下，科技金融可以通过设立创业风险投资基金，为科技研发的开展建立一个金融供给体系，满足科技研发的资金需求。具体来看，这一金融体系可以通过建立创业风险投资基金的形式，以金融机构信贷投入、建立技术产权交易市场等方式为基础，实现满足科技研发经费需求的功能。

第二，满足科技成果转化的需要。目前，我国科技成果的转化主要包括六种不同模式：政府推广转化模式、科技创新转化模式、产学研联合转化模式、自主转化模式、市场驱动转化模式和技术引进转化模式。尽管不同的转化模式有其内在的特征，但是，不管哪一种模式，除了需要处理好各利益相关主体之间的关系之外，还需要有相应的财政金融政策作为保证，也就是说需要有相应的金融资本作为支持。科技金融作为一个与资本市场融资行为相关的整体体系，能够通过设计一个科学完善的金融产品，并通过与科技研发成果相结合，满足科技成果转化过程中对风险资本的需求。

第三，满足高新技术产业发展的需要。高新技术产业的成长与发展离不开科技金融的支持，科技金融能够为高新技术企业的创建、成长和上市提供服务，科技金融已经成为高新技术产业持续发展的重要原因。例如，以美国为例，在硅谷聚集了美国50%以上的科技金融机构，在这些机构的帮助下，许多企业通过科技资本市场筹集到了发展所需的资金，其中包括英特尔（Intel）和微软（Microsoft）等知名企业。以微软为例，1986年其净资产折合200万美元，得益于科技资本市场的帮助，微软在上市后股价不断攀升，截至2000年底已成长为全球市值最高的上市公司，并且仍以不低的速度持续增长着。

（三）科技金融本质

科技金融作为中国经济、科技和金融三大领域体制改革及共同作用的产物，经历了科技与金融结合到科技与金融、经济深度融合的演进过程。科技金融最初起源于科技创新实践活动衍生出的三个理论问题：资本供给与需求矛盾、风险与收益匹配问题、市场和政府运行机制协调问题（李健、马亚，2014）。围绕上述三个理论问题，结合当前科技金融的探索实践和发展趋势，综合国内学者的有关研究，科技金融的本质应当包括从微观到宏观的多层属性：一是微观层面的"资本工具"属性；二是中观层面的"创新政策"属性；三是宏观层面的"经济范式"属性。

1."资本工具"属性

科技创新的复杂性早在熊彼特的理论中就提到，他认为技术创新及其所导致的经济发展是一个有机的过程，创新的每个组成部分都要受到其他因素的影响，包括技术、企业家以及资本和信用等因素。20世纪30年代，世界经济危机大爆发时，英国政府为制定摆脱危机的措施，指派以麦克米伦爵士为首的"金融产业委员会"调查英国金融业和工商业。1931年，该委员会在提交的报告中提出了著名的"麦克米伦缺口"（Macmillan Gap），即在英国中小企业发展过程中存在着资金缺口，对资金的需求高于金融体系愿意提供的数额。这种融资缺口又称为"信用配给不足"，其定义为"资金的供给方不愿意以中小企业所要求的条件提供资金"（刘军民等，2015）。"麦克米伦缺口"

一经提出，就引起了西方各国政府的重视，并采取了系列措施完善金融体系和发展资本市场。随着金融市场、资本市场体系的建设和发展，这种缺口现象在西方发达国家得到较大的改善，而在发展中国家则尤为普遍。

在改革开放初期，受制于中国资本市场和金融市场的发展程度，基于科技和经济发展的需要，政府部门试图从政策性金融的角度，探索缓解这种"缺口"的有效措施。在这种背景下，具有中国特色的"科技金融"得以产生萌芽和向前发展。正如学者房汉廷（2010）所指出的，"科技金融是一种创新活动，即科学知识和技术发明被企业家转化为商业活动的融资行为总和。"尽管从最初的"结合"到当前的"融合"，科技金融已经发展成为一种新经济范式，但是，从当前中国创新驱动发展战略的实施和科技中小企业发展面临的现实问题来看，科技金融作为一项解决科技创新活动过程中"资本供给与需求"的"资本工具"这一微观层面的本质并未改变。近年来，国家层面推动金融领域供给侧改革服务实体经济和创新驱动发展，也正是要充分发挥科技金融作为"资本工具"的微观功能。

2. "创新政策"属性

尽管金融市场、资本市场体系在不断建设和发展，但是"麦克米伦缺口"和科技型中小企业融资难的现象在全球依然较为普遍。从西方国家小企业的现实融资环境看，该"缺口"主要反映的并不是一种绝对的金融资源供给不足，而是与成本约束相联系的相对资源供给短缺，它将通过市场竞争法则约束小企业融资选择的自由度（邓向荣、周密，2005）。同时，这种"缺口"实质上也是一种市场失灵的表现，包括"权益资本融资"和"债务资本融资"双缺口（李健、马亚，2014）。"麦克米伦缺口"的提出和存在，引起众多学者对其成因的关注，归纳起来，主要有以下三种代表性观点（万伦来等，2011）。一是"信息不对称论"。该观点认为，中小企业产生"麦克米伦缺口"是因为信息不对称，金融机构对中小企业的贷款存在信息成本、监管成本过高的情况，为避免逆向选择和道德风险，银行普遍存在惜贷行为。信息不对称所造成的逆向选择和道德风险使银行被迫采用信贷配给而不是提高利率来促进供需平衡，这样很多企业即使愿意支付较高的利息也会因为信息不对称而不能取得贷款（Stiglitz & Weiss，1981）。二是"规模不匹配论"。该观点认为，银行贷款与企业规模之间存在正相关关系，金融机构通常更愿意为大企业提供融资服务，而不愿意为规模小的中小企业提供融资服务（林毅夫、李永军，2001）。三是"制度缺陷论"。该观点主要针对中国现状而言，包括政府支持国有经济发展的内生偏好、民营经济的所有制歧视、非国有银行得不到发展等制度缺陷。如在金融制度和金融结构上，以国有银行为核心、以商业银行为主导的金融体系与创新主体多样化和个性化的融资需求之间存在结构性不协调，尤其是对于具有高度不确定性和分散化的中小型创新活动而言不太适应（黄国平、孔欣欣，2009）。

"麦克米伦缺口"现象背后的"相对短缺"和"市场失灵"，实际上反映了前文提到的科技金融起源于科技创新实践活动衍生出的后两个理论问题：风险与收益匹配问题、市场和政府运行机制协调问题。要想解决上述问题，就需要引入政府干预或调控功能，通过政策设计或制度安排，引导金融市场支持科技创新活动，同时有针对性地加强财政科技投入。从发达国家和地区的经验来看，政府主导型科技金融扶持模式对于这些国家初创型科技企业的发展意义重大。因此，积极发挥"看得见的手"的引导功能，将有利于促进科技金融创新生态持续优化（肖奎喜等，2016）。改革开放以来中国科技金融的发展过程，实际上就是以政策性金融体系为主导到与市场化金融体系协同的不断健全和优化的过程，从实践成效来看也有效发挥了政府干预的政策价值，成为中国创新政策的一部分。这种政策，既能带来新型的科技经济制度安排，又是一种新型的政府政策供给工具，可以成为适应创新驱动型经济的新型政府治理工具，促进政府创新政策"有效供给"（张缨，2015）。因此，从这一角度来说，科技金融的本质也是中观层面的一种创新政策。当然，随着市场经济体制改革的深入和科技金融的发展，应妥善处理科技金融的政策性功能与市场机制的协同作用（徐义国，2012）。

3. "经济范式"属性

托马斯·库恩（2003）于1962年在研究科学革命的结构时，引入"范式"（Paradigm）概念，把科学看作一定的科学共同体按照一套共有的"范式"所进行的专业活动，并描绘了一种常规时期和革命时期相互交替的科学发展模式。道斯（Dosi，1982）则进一步将"范式"这一概念应用到技术领域，提出了"技术范式"概念，即解决技术问题的模式或程序，规定着技术的领域、问题、程序和任务，具有强烈的排他性，其作用在于界定了"进一步创新的技术机会和如何利用这些机会的基本程序"。技术与创新学者佩雷斯（Perez，1983）则在研究由机械化、电子化和计算机化等技术变革而带来的社会变革现象时，提出"技术—经济范式"概念：一个最佳惯行模式（A Best-practice Mode），由一套通用的、同类型的技术和组织原则所构成，这些原则代表着特定技术革命得以运用的最有效方式，以及利用这场革命重振整个经济并使之现代化的最有效方式，一旦得到普遍采纳，这些原则就成了组织一切活动和构建一切制度的常识基础。随后，弗里曼和佩雷斯（Freeman & Perez，1988）进一步强化了"技术—经济范式"的重要特征和功能，即"具有在整个经济中的渗透效应，是一个'亚模式'"。

佩雷斯（2002）将"技术—经济范式"应用于技术变迁、制度变迁及经济变迁的关系及运行机制研究，第一次揭示了技术创新与金融资本的基本范式——新技术早期的崛起是一个爆炸性增长时期，会导致经济出现极大的动荡和不确定性；风险资本家为获取高额利润，迅速投资于新技术领域，继而产生金融资本与技术创新的高度耦合，从而出现技术创新的繁荣和金融资产的几何级数增长。从国际创新型国家的成功经验看，技术革命与金融创新的关系也被称为社会财富创造的两翼。

房汉廷借鉴相关学者的研究成果，对科技金融进行了较为系统和深入的研究，结合其早期研究基础，将"科技金融"定义为"促进技术资本、创新资本与企业家资本等创新要素深度融合、深度聚合的一种新经济范式"。这种新经济范式由"技术—经济范式"、"金融—经济范式"和"企业家—经济范式"三个紧密联系的子系统构成（房汉廷，2015b）。同时在新范式三个子系统内涵基础上，创新性地提出了创新驱动经济增长模型STFE及相应的"新资本体系"构成（新资本体系包括社会资本、技术资本、创新资本和企业家资本）（房汉廷，2015c），在一定程度上为国内科技金融的发展范式奠定了理论依据。从房汉廷有关科技金融本质探析的演进过程来看，早期以定义强调的"工具/政策论"为主导，后期则以"范式论"为主导，具有较强的前瞻性。

尽管"科技金融"作为顺应中国科技、经济与金融体制改革发展的产物，具有特殊国情，但在创新驱动发展的背景下，佩雷斯从"技术—经济"角度揭示的技术创新与金融资本基本范式，以及房汉廷的"新经济范式"下的创新驱动经济增长模型，在阐释科技金融宏观视角下的"范式"属性，都具有较强的现实意义和前瞻性的理论价值。国际创新型国家的成功经验，无疑是很好的佐证。进一步从国内科技金融发展阶段的演进历程来看，从最初的金融支持科技的内涵，到金融支持科技、科技反哺金融的互动，再到当前金融、科技与产业的深度融合和协同发展，基本上已经形成了一种范式雏形，尤其是国内少数发达地区以行政区域或高新区为边界，初步形成了金融、科技、产业与城市融合发展的科技金融发展范式（详见本书案例分析章节部分内容）。因此，针对当前阶段的发展现状和趋势，有学者指出：科技金融既是世界科学技术和经济金融的融合过程，更是创新型经济的高级形态（张明喜等，2018）。

三、科技金融特征

近年来，不少学者都对科技金融的特征进行了研究，但未能与科技金融的本质属性结合起来，使得这些特征未能充分反映科技金融在实践发展过程的特点以及作为理论范畴的逻辑。将科技金融的实践以及国内外相关学者的研究结合起来看，根植于科技金融本质属性的特征应当包括综合性、内生性、动态性、共生性和风险性等方面。尽管科技金融具有政策属性，而且不少学者强调了科技金融的政策性禀赋（杨雨清、李华民，2013），但本书认为，科技金融"政策性"特征只是阶段性的内容，从当前国家科技金融支持创新驱动发展相关的顶层设计以及相应领域的体制机制改革目的来看，"政策性"是不适合科技金融的发展趋势及范式的。

根据科技金融的内涵，其特征主要体现在以下几个方面：（1）创新性；（2）内生性；（3）共生性；（4）投入性；（5）一体化；（6）制度化；（7）风险化。

（一）创新性特征

创新是科技金融的原动力，也是科技金融的基本特征。从科技金融的产生过程来看，为了使科技研发所引致的技术革新能够应用于生产过程，必须要有合适的风险资本作为支持基础。风险资本与科技研发成果的这种结合方式，又对金融创新提出了新的要求。因而，科技金融的创新性特征体现在两个层面：其一是科技的创新，其二是金融的创新。

在科技与金融的结合过程中，没有科技研发的创新就不能吸引金融风险资本的支持。由于新技术的产生往往面临着极大的不确定性，具有风险高、收益不确定特征，只有风险资本才能满足高新技术产业对资本的需求，因此科技研发的创新是风险资本投资的基础。类似地，如果没有金融的创新，就不能适应科技创新对金融政策、金融服务以及产学研结合的要求。在实际应用中，往往是银行系统与一些风险资本、私募股权投资等相互结合，并设计出一套有效的金融产品和利益分享及风险共担机制以支持科技研发成果的产业化。

（二）内生性特征

长期以来，学术界认为科技金融是经济发展的外生变量，科技金融是金融的一个子集。经过研究后发现，科技金融是内生于经济发展过程中的，内生性体现为各种经济范式（张明喜等，2018）。在熊彼特创新经济学理论当中，佩雷斯（2002）在研究技术革命与金融资本的"技术—经济范式"过程中指出：技术革命是新经济模式的引擎，金融是新经济模式的燃料，科技金融是一种新的经济范式，二者结合就是新经济模式的动力所在。因此，从本质上而言，科技金融就是一种促进技术、资本与企业家等创新要素深度融合和聚合的经济范式（房汉廷，2015b）。从熊彼特早期创新理论的提出，到后来的内生经济增长模型、创新经济学理论以及金融发展理论，都说明了金融资本及其创新内生于经济发展过程。

（三）共生性特征

"共生"概念起源于生态学领域，是指动植物互相利用对方的特性和自己的特性一同生活、相依为命的现象（Ahmadjian & Paracer，2000）。后来，有学者进一步提出"共生演化"思想：在生态系统中，不仅各种不同物种之间的能量交换存在相互作用，而且同一食物来源的物种之间也通过复杂的生态链条产生相互影响（Ehrlich & Raven，1964）。随着创新实践和理论研究的深入，学者们逐渐认识到创新不是一个简单的线性过程，而是一个复杂的巨系统，是众多创新主体之间、创新要素之间以及创新主体与创新要素之间交互作用形成的复杂生态涌现。因此，应用共生理论相关思想来研究创新活动及其相应的经济学、社会学问题，包括技术、用户、市场、资本、制度、政策以及产业结构等诸多要素相互之间的共生演化关系（Clark，1985；Nelson，2002；Nelson，2003；Kemp et al.，2001）。科技金融作为技术创新、经济发展和金融创新共同作用的产物，"共生性"成为其与生俱来的特征，也在众多学者的上述相关研究中得到验证。而国内学者袁纯清（2002）将共生理论应用到金融领域，创造性、系统性地提出了"金融共生理论"：银行与企业之间、银行与银行之间、银行与非金融机构之间在一定的共生环境中以一定的共生模式形成的相互依存的关系。上述思想也为中国创新驱动发展战略下国家创新体系建设中的科技金融生态圈的完善提供了借鉴和指导。

（四）投入性特征

科技金融的发展离不开科技和金融的投入，因而投入性特征也是科技金融所包含的基本内容，主要也涉及两方面的投入：其一是科技研发的投入，其二是金融资本的投入。科技研发投入主要是指在科技与金融结合的前期，投入在企业及其他主体所从事的科技研发活动中的人力资本、物力成本和财力资源。

具体来看，高新技术产业的发展周期可划分为四个阶段：种子阶段、创业阶段、成长阶段和成熟阶段。种子阶段的企业主要从事产品的研发，这一时期需要大量资金的投入，并且具有极大的不确定性。创业阶段是企业将研发成果推向市场、转化为产品的阶段，这一时期涉及产品开发和市场开发，企业面临着产品风险、技术风险和市场风险等问题，同样也需要风险资本市场的支持。处于成长阶段的企业由于产品已经进入市场，资金投入主要用于生产规模的扩大和市场范围的扩张。处于成熟阶段的企业其潜力已经得到充分的体现，经营风险在四个阶段中最低，但是由于已经处于发展后期，企业的主要任务是如何实现其发展转型。

从每一个不同发展阶段看，科技金融均发挥着其提供资本支持的功能。在种子阶段和初创阶段，企业获取的来自商业银行的贷款较少，风险投资是一种主要的融资模式，可通过创新资本市场融资。而在成长阶段和成熟阶段，尽管企业的融资形式多样化，可以通过银行贷款、发行债券、企业内部融资、民间借贷等方式实现其资本需求，但是，接受外部风险投资也是诸多高新技术产业常用的一种融资模式。据此可知，科技金融在高新技术产业发展的每一阶段均发挥着提供金融资本支持的功能。

（五）一体化特征

科技金融是一个以科技和金融为基础、受到各项制度支撑的体系，一体化也是其一个重要的特征。具体来看，科技金融的一体化特征主要体现在以下几个方面。

1. 支撑体系的一体化。科技金融是一个多部门相互结合和支撑的系统，是这些不同主体相互结合的有机体系，涉及政府各个部门、高新技术企业、风险投资机构和相关监管机构，需要每一个部门各司其职各尽其能，促进科技与金融的有机结合。

2. 科技与金融的一体化。这体现了科技金融是科技与金融的有机结合，科技研发成果需要金融资本的支持，金融资本需要科技成果为其实现资本增值目的。

3. 产学研结合的一体化。科技研发的产业化过程包括科技研发、科技成果转化和应用到生产中三个不同阶段，这三个阶段形成了产学研的一体化体系。

4. 风险资本投资的一体化。高新技术企业的发展周期包括四个阶段：种子阶段、初创阶段、成长阶段和成熟阶段，科技金融可以参与到高新技术企业在每一个阶段的发展过程中。

5. 金融工具结合的一体化。科技金融工具的多样性特征，使得在选择具体的工具时不再囿于单一工具的使用，而是多种工具的相互结合，例如越来越多的商业银行设立了科技金融机构，保险基金也涉足科技金融产业成为投资主体，使得金融工具相互结合的一体化特征越来越明显。

（六）制度化特征

没有规矩不成方圆，制度是保证科技金融良性发展的基础。从科技金融所包含的内容来看，其所涉的制度可以从两方面理解：一是涉及科技研发成果方面的制度。主要指专利保护、市场竞争制度为代表的政府制度安排，这一系列制度决定了科技研发投入的产出收益，保证了科技研发收益在不同主体之间的分配关系。二是涉及风险资本投入的制度安排。风险资本投入过程涉及一系列不同的风险，首先是在前期对科技研发成果产业化的可行性进行考察时，由于逆向选择问题而引致的风险，其次是在后期资本投入后由于道德风险问题的存在而产生的风险，解决这些问题均需要科学良好的制度作为保证。

从以上分析来看，科技金融的制度化特征体现了与科技研发和风险资本投入相关的制度体系。一个科学完善的制度体系不仅可以在科技研发和技术创新的过程中起到积极的激励作用，促进科技研发经费投入的效率提升，还能使在风险资本的运行过程中机构投资者的权益得到有效保证。

（七）风险化特征

科技金融作为科技与金融结合的创新活动的一部分，本身就具有一定的风险性。首先，这种风险既表现在金融与科技、产业融合发展过程中金融资本的作用路径上受到各种因素干扰而导致的偏差，也反映在最终的作用效果方面的偏差。其次，从科技金融作为"资本工具"的属性来看，在金融资本与产业资本领域都具有风险性，尤其是在金融资本领域，在金融与科技结合下金融工具的不断创新以及与创新活动、实体经济的偏离，使得风险也在加大。再次，从"创新政策"属性来看，科技金融政策在具体产业经济领域或创新活动应用过程中产生的"政策扶持悖论"现象（如政策性科技金融对私人资本创新投入的挤出效应，企业对政府投入或扶持政策的路径依赖，以及少数产业投资过热、产能过剩甚至骗补现象）（韩超，2014）。最后，从"经济范式"属性来看，在"技术—经济""经济—金融"等领域存在的"市场失灵""制度失灵""系统失灵"等现象或问题，同样说明了科技金融的风险化特征（Smith K.，2000）。

四、科技金融发展

科技与金融的结合是一个复杂的系统工程。除了需要外生的制度作为资本投入之外，科技研发投入还包括从政府到市场整个链条中的全部投入，既有直接的科技研发经费支持，也有辅助的优惠政策投入。金融资本的投入是在科技成果产业化过程中，对高新技术企业提供的资本支持。从本质上看，如果没有金融资本的支持，科技金融也就不复存在。除了以货币形式体现出来的投入之外，金融资本的投入还包括在风险资本注入企业后，信息不对称所导致的道德风险问题存在，为了获取风险资本的最大收益，风险投资机构还需要对风险资本的使用进行监管，这一过程也需要人力、物力和财力资源的投入。

改革开放 40 多年以来，科技金融支持创新驱动发展取得了重要成效，受到实务界和学术界的极大关注。尤其是近年来，随着国家创新驱动战略的深入推进，科技金融的发展已从传统的"科技与金融结合"1.0 模式发展到"科技金融深度融合"2.0 模式，甚至少数地方政府开始探索"金科产""金科产城"融合的科技金融 3.0 模式发展趋势。

（一）科技金融发展阶段

1. 酝酿阶段

这一阶段是 1978—1984 年。1978 年中国共产党十一届三中全会确立了以经济建设为核心的经济体制改革基本方针。1979 年 10 月，邓小平在中共省、自治区、直辖市党委第一书记座谈会上指出："银行应该抓经济，现在只是算账、当会计，没有真正起到银行的作用"，同时还强调"银行要成为发展经济的、革新技术的杠杆，要把银行办成真正的银行"。[①] 1979 年 11—12 月，国

---

① 李公羽. 邓小平金融思想研究 [M]. 北京：新华出版社，1999.

务院召开全国计划会议，国家开始实施"划分收支，分级包干"的财政体制改革，并决定未来两年将适当提高科学文教卫生等的支出比重。1982 年 10 月，全国科技奖励大会提出"经济建设必须依靠科学技术，科学技术工作必须面向经济建设"的指导方针，推动科技与经济结合发展。1982 年和 1985 年年初，财政部先后发布了《关于技术开发和新产品试制费用的财务处理规定》和《关于推进国营企业技术进步若干政策的暂行规定》，加强对企业技术开发的支持。

这一阶段，在国家经济、财政、科技体制改革的指导方针和具体措施推动下，"科技金融"开始萌芽，雏形以财政、金融等支持科技发展的具体工具或政策为表现形式。

2. 起步阶段

这一阶段是 1985—1996 年。1985 年 3 月，国家出台《中共中央关于科学技术体制改革的决定》，正式确立"经济建设必须依靠科学技术、科学技术工作必须面向经济建设"的战略方针，提出"广开经费来源，鼓励部门、企业和社会集团向科学技术投资"，同时还提出设立创业投资、开办科技贷款，拉开了中国科技与金融结合实践工作的帷幕。1985 年 9 月，以国家科委和中国人民银行为依托，国务院正式批准成立中国境内第一家创业投资公司——中国新技术创业投资公司。同年 10 月，中国人民银行、国务院科技领导小组办公室联合发布《关于积极开展科技信贷的联合通知》。1991 年，国务院发布《国务院关于批准国家高新技术产业开发区和有关政策规定的通知》及系列措施，高新技术产业开发区作为促进我国科技经济发展的一项制度安排正式步入发展轨道（在后来的发展中，高新区成为各地方政府科技金融工作探索的重要试验区和示范区）。1993 年和 1996 年，分别颁布《中华人民共和国科学技术进步法》和《中华人民共和国促进科技成果转化法》，从法律上为科技经济的融合发展和科技与金融结合的实践探索提供了保障。

这一阶段，除了科技财税政策之外，科技金融的主要重点及形式是信贷市场的科技贷款和财政贷款贴息。在 10 年时间里，中国工商银行等五大国有银行累计发放科技贷款 700 多亿元，支持了近 7 万个科技开发项目，联想、海尔、华为、远大、同方这些企业都是靠科技贷款完成了技术资本化、产业规模化（房汉廷，2015a）。同时，风险投资作为科技金融工作探索的方式之一，也在这一阶段开始起步发展。

3. 探索阶段

这一阶段是 1997—2005 年。1997 年和 2003 年先后发行两期捆绑式国家高新区企业债券，支持了一批国家高新区建设。随后，国家开发银行等金融机构全面介入高新区建设融资。同时，国家开发银行对创业投资机构发放软贷款。1999 年《科学技术部、财政部关于科技型中小企业技术创新基金的暂行规定》出台，国家层面科技型中小企业技术创新基金的设立，第一次明确国家科技政策从单纯的"技术至上"取向向"技术资本化"取向过渡。同年，国家部委层面出台政策建立和完善有关风险投资机制，使得风险投资事业迅速发展，有力地推动了科技型、创新型中小企业的发展。2004 年中小企业板在深交所设立，资本市场体系建设取得重要突破，有力地推动了中小企业和高科技企业的发展。同时，以科技企业孵化器为重点，通过孵化器与创业投资对接，加强对科技成果产业化的支持。

这一阶段，科技金融实践探索的模式呈现多元化发展特征，信贷市场的科技贷款、政策层面的开发性金融和财政科技投入、资本市场的企业债券和风险投资以及中小板等，以多头并进的方式有力地促进了科技和经济的发展。

4. 发展阶段

这一阶段是 2006—2013 年。2006 年国家颁布《国家中长期科学和技术发展规划纲要（2006—2020 年）》（以下简称《规划纲要》），随后出台系列配套政策。截至 2009 年年底，国家层面出台的 78 项《规划纲要》配套政策细则中，有 20 多项属于科技金融范畴，内容涉及银行、保险、担保、创业投资、资本市场、债券等。各省市出台的 570 多个政策文件中，有接近 1/3 属于科技金融范畴（房汉廷，2015a）。2010 年 12 月，科技部、中国人民银行等五部委出台《关于印发促进科技和金融结合试点实施方案的通知》，从创新财政科技投入方式、加强银行业金融机构信贷支持、多层次资本市场建设、科技保险服务完善、科技金融合作平台建设、科技企业信用体系建设以及开展多种科技金融专项活动七大方面提出了试点实施内容，确定 16 个地区为首批试点范围。随后，科技部联合"一行三会"启动了试点工作，在中关村国家自主创新示范区等 16 个地区密集开展探索。2011 年 11 月，科技部、财政部等八部委出台《关于促进科技和金融结合加快实施自主创新战略的若干意见》（以下简称《意见》），《意见》充分强调了科技金融对提高自主创新能力和建设创新型国家的重要作用，并在试点方案基础上对科技金融结合的重点内容、协调机制和保障机制做了进一步明确。

这一时期，科技金融实践活动十分活跃，进入了快速发展阶段，并在科技金融政策体系及工作机制、科技金融产品及工具、科技金融平台等方面取得了重要成效。如财政科技投入方式和结构不断优化，撬动社会资本的引导基金、母基金模式出现；信贷担保方面呈现风险补偿基金、贷款贴息、知识产权质押贷款、科技小贷、科技保险等相结合的多样化结构；资本市场推出了中关村股权代办交易系统、创业板市场等；各种形式的科技金融服务集团、科技金融服务中心等平台不断建立。

5. 融合阶段

这一阶段是 2014 年至今。这一阶段，在《中共中央关于全面深化改革若干重大问题的决定》系统部署下，在创新驱动战略和供给侧结构性改革深入推进下，经济、财政、金融、科技等领域改革不断深入，国家层面定下"围绕产业链部署创新链，围绕创新链完善资金链"的"三链融合发展"基调，金融与科技、产业的融合发展迎来新的局面。随着《国务院关于扶持小型微型企业健康发展的意见》《国务院办公厅关于多措并举着力缓解企业融资成本高问题的指导意见》《关于大力推进体制机制创新　扎实做好科技金融服务的意见》《中国银监会关于完善和创新小微企业贷款服务　提高小微企业金融服务水平的通知》《中国银监会　科技部　中国人民银行关于支持银行业金融机构加大创新力度　开展科创企业投贷联动试点的指导意见》《中共中央　国务院关于服务实体经济　防控金融风险深化金融改革的若干意见》《国务院办公厅关于规范发展区域性股权市场的通知》等系列政策的实施，这一阶段科技金融在工作机制、政策体系、工作手段等方面得到了进一步的发展和完善，同时也取得了新的突破。

这种突破主要表现在以下四个方面：一是科技金融体系作为创新体系建设的重要内容，上升到国家创新驱动战略层面，从业务探索、政策分散、部门协调走向顶层设计和联动发展。二是受益于"互联网＋"和大数据发展基础，科技金融获得了进一步创新发展的技术支撑和风险防范保障。三是借助于快速发展的互联网金融和金融科技，科技金融工具和产品的更新迭代与创新也不断加速。四是在地方政府开展科技金融实践探索支持创新驱动发展的过程中，逐渐形成了金融、科技和产业（简称"金科产"）深度融合发展的态势，进而发展成为区域创新经济的新范式，如北京中关村、上海张江科技园、深圳南山、佛山南海、杭州、武汉等，这些地区以高新区或行政区域为边界，在科技金融的推动下，金融、科技、产业和城市都实现了互动发展。

在国家宏观政策调控和引导下，相对于前三个阶段科技金融发展的政策驱动型、财政投入型特征，这一阶段的市场化驱动、社会资本驱动发展步伐明显加快。一是以商业银行为代表的金融机构参与的深度和宽度不断拓展，科技银行及其科技贷款规模及品种、科技金融服务平台及运作模式等都有了突破性的进展（如2016年6月中国建设银行的科技金融创新中心在广州成立，2016年12月全国首家专注服务科技创新的民营银行——北京中关村银行获批成立），投贷联动运作模式也在政策设计和实践层面取得了双重突破；二是以全国中小企业股份转让系统（原新三板扩容到全国范围）和区域性股权交易市场（新设新四板，前海股权交易中心）为代表，多层次资本市场建设得到进一步完善。

（二）科技金融生态体系

科技金融生态体系是一个涉及科技金融自身模式构建和组成的概念，由于在这一过程中涉及多个不同因素，一般被认为是一个跨学科的概念。从与科技金融的关系来看，科技金融体系是科技金融发展的基础，是实现科技与金融相互融合的内部框架。从科技金融的构建主体来看，包括政府、企业、投资机构以及相关中介服务机构。各主体之间相互依赖、相互影响，其中政府是主导者，高新技术企业是资金需求方，通过在资本市场上实现融资需求满足企业未来发展需要，投资机构是资金供给方，通过投资行为实现资本增值目的。除此之外，由于专业知识壁垒等问题的存在，中介服务机构在其中作为媒介桥梁，一方面可以缩小由于双方信息不对称而引起的风险，另一方面还能为高新技术企业提供担保。

1. 政府及其他公共部门

政府作为一个公共管理部门，在科技金融体系中居于重要位置，但是，其发挥作用的领域和功能也有严格限制。一般来讲，政府在科技金融体系中主要定位在服务、引导两方面的功能上。首先，政府通过制定一系列相关政策，界定高新技术的范畴，对科技型企业进行甄别，明确政策发挥作用的范围。其次，政府还通过发挥监管职能，对科技金融体系的构建进行监管。最后，政府还通过颁布一系列引导政策，结合高新技术企业的特点，实现资本市场上的金融创新。在这一过程中，涉及政府多个部门的通力合作，包括各级政府、科技部门、财政部门、金融主管部门等。

2. 金融服务机构

金融服务机构在科技金融创新体系中处于核心地位。从整个科技金融体系看，其中所涉及的金融服务机构主要包括各类银行（国家政策银行和商业银行）和各类风险投资机构。这些金融服务机构根据来源的不同，又主要可以分为公共投资机构和私人投资机构，他们的目的和作用主要是通过在市场上寻求合适的投资者，通过向其进行投资实现资本增值和促进产业发展的目的。此外，创业板市场、三板市场、债券市场以及技术产权交易所等融资平台也属于金融服务机构的范畴。

以公共投资机构为例，其中具有国有性质的商业银行主要是在政府相关科技政策和金融政策的引导下，创新科技金融体系，发挥其在科技金融创新体系中的核心作用，并通过资本投资行为实现盈利目的。而政策性银行则是在结合国家发展战略的背景下，通过发挥政策导向的功能，增强与其他金融机构的合作，对科技型企业的发展进行扶持，以促进高新技术产业的发展为手段而推动国家发展战略的实现。

3. 高新技术企业

高新技术企业是科技金融创新体系中的另一核心，作为科技金融支持的主要对象，政府要激发企业的科技研发潜能和积极性，通过一批高新技术成果的涌现，为科技金融创新提供现实基础。从高新技术企业自身来看，在满足国家经济政策、科技政策和金融政策的前提下，也应当积极地参与到科技金融创新体系的构建中来。首先，高新技术企业应当通过加大对科技研发的投入，提高自身的科技研发实力和科技研发成果的含金量，保证在科技研发成果转化为生产力时能够获得显著的经济效益，吸引投资者的积极介入。其次，高新技术企业应当切合世界发展潮流，建立规范的现代企业制度和财务制度，完善企业内部治理结构和审计制度，提升其在资本市场上的资本信用水平，保证企业的可持续发展。最后，在这一过程中企业还必须与各界加强沟通，特别是加强与政府、中介服务机构以及金融服务机构之间的沟通，通过有效的信息传递，降低融资风险。

4. 各类中介服务机构

各类中介服务机构在科技金融创新体系中发挥媒介作用，通过为政府、风险投资机构和高新技术企业提供信息咨询服务，缩小信息不对称对双方产生的影响，推动科技产业化的实现，并降低这一过程中的金融风险。具体来看，这些中介服务机构主要包括各类事务所，如律师事务所、会计师事务所、评估事务所以及信用评级机构等部门。

第二章　科技金融国际经验

一、科技园区

1951 年，世界首个科技园区诞生于美国斯坦福大学校园内，也基于此形成了全球顶尖技术的发源地和聚集地之一——硅谷。受硅谷成功的影响，各国政府纷纷着手推进科技园区的建立与发展。著名的科技园区有印度班加罗尔国际科技园、韩国大德园区等，这些科技园区强有力地推动了当地科技产业与经济的发展，其产业政策与发展模式对我国高科技产业的发展有着极其重要的借鉴意义与参考价值。

（一）美国硅谷产业园

硅谷位于美国旧金山以南，北起帕拉奥托市（斯坦福大学所在地），南至加利福尼亚州圣何塞市，长 48 千米，宽 16 千米，有超过 4000 家高科技企业和 100 余万名员工入驻。1891 年，斯坦福大学在此建立，斯坦福大学的技术资源、风险资本和创业精神都为新兴企业的发展提供了良好的外部条件与环境基础，1951 年，校园周边地区创建了高科技园。1955 年，贝尔实验室将参与研发和生产的公司迁至帕拉奥托市，该市后来成为美国电子工业的发祥地。自此，数以万计的创业型人才纷纷从美国东部和中西部涌来创业，以晶体管和硅片为主要产品的半导体产业迅速发展起来。1956 年，继贝尔公司之后，IBM 在圣何塞市创设了研发中心，为之后计算机产业的发展创造了条件。到 20 世纪 80 年代，以斯坦福研究园为中心，该地区形成了一个以研究电子工业、半导体工业为主的科学基地，高科技企业数量一度多达 5000 余家，微型计算器、电子玩具、家用电脑、无线电话、激光技术、微处理机、电子表等新型电子产品和技术均在此诞生。

虽然硅谷在地理上并无明显的界线划定，也没有政府统一的组织管理，但是其自由创新精神和高科技人才密布创造了奇迹。硅谷占地面积仅为美国国土面积的 0.05%，但申请的知识产权数量却超过全美总数的 10%，有 1000余家世界著名企业将总部设在硅谷，包括惠普、英特尔、谷歌和思科。现在硅谷的重点发展产业也不只局限在半导体、计算机和网络等电子信息领域，而是逐渐扩展到了更为广泛的生物医药和新能源等产业。

硅谷的成功是多种因素相互作用的结果。首先，硅谷毗邻斯坦福大学，强大的科研支持是其发展的中坚力量。作为世界顶尖学府，斯坦福大学每年为硅谷培养大批高素质人才，积极促进产学研交流，培育浓厚的创业氛围。斯坦福大学同时鼓励在校教师及学生到硅谷地区工作和创业，开设创业课程，举办创业论坛、创业大赛，并保留创业教师、学生的教职、学籍 1~2 年。这种创新文化极大地推动了高科技企业的发展。其次，硅谷拥有卓越的风险投资机制。作为全球最具经营效率的投资公司之一，美国的风险公司大力推动硅谷的产业发展，政府也积极配合，同时还鼓励境外资本对新兴行业进行风险投资。高峰时期，地区年风险投资总额高达百亿美元[①]，其中除美国境内投资外，还有约 10% 是来自境外的风险投资。最后，美国政府采取积极的移民政策，吸引全球的高科技人才，为硅谷提供了充分的人才储备。

（二）剑桥科技园

受美国硅谷模式巨大成功的影响，英国政府也希望依托大学建立科技园区，促进科技成果的产业化发展。1970 年，被誉为"英国硅谷"的剑桥科技园成立。该园区位于伦敦北部的剑桥郡，距伦敦约 75 千米，占地约 0.62 平方千米，由剑桥大学主导开发管理。

园区内产学研紧密结合，形成了高等科研机构、风险投资、中介、物流等服务机构，为中小型科技企业发展提供良好的创业环境，催生了一系列有

---

① PWC/NVCA Money Tree, Report, Data: Thomson Reuters.

活力、有潜力的中小型科技企业。但由于没有政府充分参与，园区缺少宏观调控，小企业想要得到大型企业或者政府部门的帮助困难较大；同时，企业之间的相互联系和交流较少，不能有效地协同发展，后劲不足，小型科技企业面临被大型跨国公司并购或接管的危险。

（三）法国安蒂波利斯科技园

为了促进科技成果的转化，法国于 1969 年开始筹建安蒂波利斯国际智慧、科学与技术园，简称安蒂波利斯科技园或尼斯科技园。该科技园位于法国东南部尼斯市以西 15 千米处，地处欧、亚、非三大洲之间的地中海边，占地 2300 公顷。该科技园交通便利，集产品生产、科研、技术开发和教学于一体，经过数十年的建设与积累，现已成为世界知名的国际性高科技中心，被称为欧洲的"硅谷"，与英国的剑桥科技园和德国的巴伐利亚科技园齐名。

安蒂波利斯科技园采用的是"混合建设型"的园区模式，同时汲取了市场和政府两种力量，然而和国内多数科技园不同，该科技园的建设由民间协会发起，政府参与并给予了全方位的扶持。科技园在创办初期规模很小，周围只有少量的大学和科研机构（如尼斯大学、法国国家科研中心、巴黎矿业学院、法国石油研究院、邮电学校等）、尼斯的地方商会以及一些私营企业。1980 年，园区内仅有 13 家企业。法国政府大力投入园区及附近地区的公共设施建设，并建立了专门的接待中心用于处理相应的土地租赁、会议准备等财务和行政方面的问题。同时，接待中心还派生出扶植科技企业创业的孵化中心，其主要功能有：为研发产品提出技术改进建议；协助企业起草商业和战略发展方案；提供金融服务平台；提供财务及法律方面的咨询服务并以优惠价格提供办公地点租赁服务。此后，法国政府为提高国际竞争力，大力调整经济结构并扶植高新技术产业的发展。1990 年，政府每年提供 1000 万法郎的专门资金以帮助企业"落户"，目前已有 1000 多家企业在此设立总部或分支机构，包括 Dow、Digital、Elaiapharm、Matra、France Telecom、Rockwell、VLSI、Amadeus、ADEME、Air France 研究发展及全球资料处理系统、Compaq 工程中心等，该园区逐渐成为一个集高科技的研究开发、高等教育以及技术咨询等于一体的商业活动中心。法国政府将安蒂波利斯科技园定义为富有特色的高科技园区，对进入该园区的企业进行了严格审查并提出了具体要求：入驻机构必须是高等学校科研机构、大企业研发部门或从事尖端产品生产的中小企业；入驻机构需建在半山腰上，且具有环保意识。

随着科技园的发展，其管理模式也在随之发生演变（见表2-1）。政府逐渐退出了科技园的日常运作，1984年成立的由企业、银行、大学和民间团体等共同组成的安蒂波利斯基金会（拥有科技园的所属权）接手了科技园的日常管理。目前，科技园采取的是独具特色的"混合集团＋基金会"的管理模式，即由国家层面的战略委员会和区域层面的索菲亚安蒂波利斯混合集团（SYMISA）负责监督指导，具体的运作管理则由索菲亚基金会等机构负责。该基金会致力于把科技园建设成为科研、教育、企业有机结合的科技中心，并积极促进国际交流合作，快速有效地进行科研成果的转化与人才的引进。基金会的主要职能有四项：定期举办高水平的科技培训学习班；组织研讨会，加快科技成果转化和预测经济发展；促进科研人员与地区业界人员的合作交流；发挥国际智密区的地理优势，加强与其他科技园区的交流与合作。

表2-1　　　　　　　　　安蒂波利斯科技园的管理机构

1974年	1984年	1997年	2002年
当地政府和各界人士组成"混合集团"接管协会的功能	索菲亚安蒂波利斯基金会成立	设立索菲亚安蒂波利斯混合集团	当地政府接管索菲亚安蒂波利斯混合集团的功能
负责土地建设、地盘出售，制订商会计划等商业性事务	负责园区文化和学术活动	负责园区市场推广和对外联络	负责园区开发的总体政策制定、行政和财务管理

资料来源：www. sophia - antipolis. net/uk.

该科技园成功的主要因素有以下几点：第一，安蒂波利斯科技园有充足的科技资源、基础设施，园区内的通信设备、ATM平台、网络等为它的发展打下了坚实的基础。第二，科技园具有优越的区位优势和便利的交通，直接与世界同步，该园区的机场有 45 条定期航线，实现了"条条大路通'索菲亚'"。第三，法国政府大力扶植科技园，为其量身订制了一系列的政策及公共研究策略，公共高等教育及研究都以企业需求为出发点引入，同时配套定制的培训计划。政府设立专业投资公司和安蒂波利斯基金会用以服务园区内的企业。第四，园区提供完善的生活服务体系和良好的生态环境，保证了区内员工良好的生活品质。

（四）日本筑波科学城

日本筑波科学城是 20 世纪 60 年代由政府建立的科学工业园区，目的是实现"技术立国"的目标。这一科学城规划人口 22 万人，在 80 年代享誉全球。虽然声名最近已是每况愈下，被称为"现代科技乌托邦"，但仍不乏参考价值。

筑波科学城始建于 1963 年，当时日本政府面临一系列由依赖引进欧美各发达国家先进技术发展经济的战略所引发的问题，于是积极思考战略转变，希望由"贸易立国"向"技术立国"转型。政府从政策计划制订、财政金融等多方面进行考虑，开始大力引导和支持高新技术产业，并计划兴建科学城。筑波科学城位于东京东北 50 千米处，占地 270 平方千米，包括 4 镇 2 村；中心区域为"研究与教育区"，主要建设研究与教育机构、商业服务设施和住宅；"外环郊区"规划安置私人研究设备和未来型工业，同时保留了农业用地。1974 年，日本政府开始将所属 9 个部厅的 40 余个研究机构，共计 6 万余人迁到筑波科学城。1984 年，日本政府又通过了《高技术工业及地域开发促进法》，以建设代表 21 世纪的生产、教学、科研相结合的城市为目标，形成了推动远离沿岸地区的传统产业向高新技术产业方向发展转型的基地地区。除此之外，日本政府还专门举办了筑波世界博览会，以此扩大筑波的国际影响力，促进科学城的对外交流。

日本筑波科学城完全由政府主导，在前期为日本科技发展做出的贡献颇多，但这种发展模式存在明显的缺陷，阻碍着科技的长期可持续发展。首先，筑波科学城内以国家级研究组织机构为主，享受政府财政补助，缺乏适应的创新激励机制政策，科学城内主体的创新积极性不高。其次，科学城并没有形成完整的产学研合作链条，科研机构、企业、市场合作不够紧密，科研成果商业化转化程度较低、效率不高。此外，筑波科学城内的运行机制比较传统，参与主体之间的沟通效率较低，与国外先进技术的交流也较为匮乏。在全球化经济、科技水平迅猛发展的今天，筑波科学城的缺陷愈加明显，严重阻碍了自身的发展。

（五）印度班加罗尔科技园

班加罗尔是印度卡纳塔克邦（简称卡邦）的首府，也是全球知名的软件外包基地，每年的产值高达数百亿美元，素有"科技之都"和"印度硅谷"的美誉。班加罗尔成功的原因主要有以下几方面。首先，政府大力扶持科技园的发展，时任总理阿塔尔·比哈里·瓦杰帕伊（Atal Behari Vajpayee）甚至设立国家目标：十年之内将印度打造成为全球信息技术大国和最大的软件制造、出口国。为此，政府通过了"软件技术园区"计划，投入巨额引导资金用于建设软件技术园（每个园区的平均投资约100万美元），用于园区内基础设施、通信设施的建设。1991年，印度政府兴建了高速传输数据的微波通信网络 Soft Net。这一通信网络的建立解决了数据传输的问题，满足了企业的发展需要，也为班加罗尔不断吸引国外投资奠定了坚实的基础。1999年，印度政府成立了IT产业部，成为当时世界上少有的单独设立IT部门的国家之一。此后，印度政府颁布了《IT法》，进一步促进了电商行业的发展；同时，政府还为计算机产业提供了一系列优惠政策，包括免税等。

除政府扶持之外，班加罗尔也有着雄厚的学术力量和充沛的人才资源。班加罗尔是印度的教育中心，有印度的"科技发电站"之称。20世纪70年代进行的教育改革使卡邦成为印度平均受教育程度最高的地区之一，仅在班加罗尔科技城附近地区就有10所综合性大学、70所技术学院。政府还采取了国际、企业、私人多层次并举方式培养人才，即同时依托高等院校专业培养、民办或私营机构以及软件企业自行设立培训类型的机构共同培养人才，把培养技术工人放在与培养科技型人才同样重要的位置上，通过建设技术类型的学院，培养大量具有专业操作知识的技术工人。

软件园管理中心行使全方位的政府职能：为企业提供窗口服务，快速审批项目、办理出口手续；为政府的各项优惠政策和各项支持措施的实施提供组织层面的保障。软件园内的企业主要分为两大类：一类为软件类企业，包括集成电路、电信、系统软件和后端服务企业；另一类为资讯类服务企业，包括企业流程外包、客服中心、技术支持等。园区的配套设施服务十分完善，园区内的通信设施提供光纤通信、宽带网络和卫星通信、水、电等基础设施保障服务，企业编程人员能随时通过卫星与国际用户进行联系，调用世界各地的信息。园区内的创业企业孵化基金为企业提供各种专业技能的培训、实施和咨询服务，包括商品可行性分析，以及项目管理、实施、培训、过程开发等。

（六）韩国大德科技园

大德科技园位于韩国中部的忠清南道大田附近，占地 27.8 平方千米。20 世纪六七十年代，高科技产业在发达国家迅速发展，韩国政府仿效美国和日本，建立起了一批产学研一体化的高科技园区。经过 30 余年的发展，韩国大德科技园已成为全球著名的科技园区之一，可与美国硅谷相媲美。园区内的 ICT（信息、通信和技术）、生物医药、空间技术在国际上享有盛誉，诞生了动态随机存取存储器、64 光位芯片、黑猩猩基因组图、CDMA（码分多址）商业化等科技成果。科技园得到了国家和当地政府的大力支持。韩国政府为了大力发展园区建设，特别为园区制定了财税减免扶持政策——《大德研究开发特区育成特别法》，更在 1990 年将韩国科学技术研究院迁入园区内，成为科技园技术研究的核心组织，与附近的高等教育机构，如忠南大学、韩国科学技术院、情报通信大学、大德大学等积极合作，持续不断地供应优秀的高等科技型人才。该地区的博士和硕士资源非常丰富，博士、硕士人数超过韩国博士和硕士总数的 10%。此外，韩国政府还设立了大量专项基金，用于扶持科技产业。自 1975 年开始，韩国政府启动了包括超大集成电路在内的多个大型投资计划，投资数额超过百亿美元。除此之外，为了使科研、生产部门都能够进行信息交流、保持密切联系，大德科技园还创建了信息交流平台，并努力加强国际院校、机构的合作和科技成果的转化。

近十年来，科技园得到了进一步的发展，2011 年，大邱科技特区、光州科技特区、釜山科技特区与大德科技园一起，形成了区域更为辽阔、领域更加宽广的集合科技园区。这一组合使不同的尖端科技与商业板块有机地结合在了一起，为以韩国模式为基础的全新国际化创新集群成长模式的建立奠定了基础。

二、创新基金

很多国家都深知中小企业在促进经济发展方面的重要作用，并把发展科技型中小企业作为国家科技政策或高新技术产业发展政策的重要内容，积极创造社会、经济、金融和技术等各方面的条件，致力于加快科技型中小企业的成长和发展。[①]

（一）美国创新基金

美国政府历来非常重视企业的发展。自 20 世纪 80 年代以来，中小企业飞速发展，在经济社会发展中的作用越来越明显，美国政府也由此将关注的焦点集中在中小企业上，特别是那些高风险、高收益的科技型中小企业。相比大企业，虽然中小企业在创新效率和周期方面具有较大优势，但由于创新的成本和风险在中小企业的承受能力范围外，因此这些优势始终无法转化为现实的生产力。在此背景下，由政府主导资助中小企业创新的小企业创新研究计划（Small Business Innovation Research，SBIR）出台，并于 1982 年正式进入实施阶段。SBIR 计划制订的初衷是希望通过资助中小企业创新，一方面使联邦政府以较低的经费开展更好的科研，另一方面使中小企业能够借助项目资金开发出新技术、新产品及新服务。

SBIR 计划主要包括招标、评估、资助三个流程。基于中小企业成长路线的可行性研究阶段、产品定型阶段、产品推广和商业化阶段，向中标企业提供资助。美国小企业管理局（SBA）全权负责协调与管理 SBIR 计划。联邦政府的 11 个部门参与 SBIR 计划，每个部门预留出每年研发经费的

---

① 夕蓓. 国内外政府对中小企业技术创新支持方式的比较研究 [J]. 中国科技产业，2014（10）.

2.5% 作为 SBIR 项目经费，并保证计划的具体实施，这些部门包括农业部、商务部、国防部、教育部、能源部、卫生部、交通部、环保部、航空航天局、科学基金会与国土安全部。1992 年，美国国会制定的《小企业研究与发展促进法》进一步扩展和改进了 SBIR 计划。2000 年，美国国会通过的《小企业再授权法》再次将 SBIR 计划延长至 2008 年 9 月。根据 SBIR 计划的规定，企业享有所有研究成果的知识产权，而联邦政府可以无偿使用研究成果的技术数据。

美国 SBIR 计划取得了巨大的成功。在该计划实施的 20 余年里，政府各部门发布的招标说明书共达 268 个，征集的创新研究课题达 40 万个，资助的项目达 65000 个，投入资金共计 130 亿美元。在获得第二期经费支持后，大约 20% 的项目的研究成果获得了商业化方面的成功。各大知名企业如微软、英特尔等，在其成长壮大的过程中，都曾接受过 SBIR 计划的资助。SBIR 计划的支持极大地促进了美国激光、生物医药、机器人等领域研究成果商品化的发展，这些领域内形成的技术与产品也增强了美国在世界范围内的竞争优势。德国、日本、瑞典和俄罗斯等逐渐认识到 SBIR 计划的优势，高度认可该计划的成效，纷纷仿效实施，采取类似的方式鼓励并支持中小企业的发展。①

（二）德国创新基金

20 世纪 90 年代初开始，德国政府联合工业界对科技型企业的发展给予了大力支持，包括：（1）创造公平竞争的环境；（2）提供资金支持，如科技开发基金；（3）提供技术支持，如建立高新企业孵化器。德国政府推动中小企业发展的方式侧重于激励政策。比如，为了促进科技人员的流动，政府推出了"工商企业研究开发人员增长促进计划"。这一计划为企业新进科技人员提供工资补贴，补助时间长达 15 个月，补助额占到相关工作者工资的 50%。此外，为了加强中小企业与研究院的合作，政府实施了"中小企业研究合作促

---

① 夏孝瑾. 美国"小企业创新研究计划"（SBIR）：经验与启示 [J]. 科技·经济·市场，2011 (12)：40 - 42.

进计划",提高了对合作项目的资助比例,从而促进了技术的交流和更新。以低息贷款、承担部门责任的方式入股分担企业的创新风险以激励其对新技术的应用。

(三) 其他国家创新基金

瑞士和韩国政府也采取了一系列政府资助措施来推动科学技术的转化。瑞士政府成立了技术创新委员会 (Commission for Technology and Innovation, CTI),重点支持以市场为导向的企业研发项目,致力于鼓励企业推动学校及研发机构与产业界的合作,促进知识与技术间的转移。CTI 为初创企业的产生与发展提供帮助,尤其是科技型中小企业,通过实施 CTI Start – up 来扶持初创企业的产生与发展;通过专题研究网络和其他措施,促进产、学、研合作,促进知识、技术的转化 (KTT – Support),从而更好地为市场服务。韩国政府提倡支持和激励举措。比如,对私人工业研究所参加国家研究与开发计划,从事核心技术和基础技术开发、工业技术开发和新能源开发等,政府将给予补贴,最高可达研究与开发总费用的 50%。政府还倡议个人或小企业提供可达总投资额 80%~90% 的资金支持,帮助其实现产业化。

三、风险投资

20 世纪 70 年代末期之后,风险投资开始在美国快速发展,并很快在世界范围内产生巨大的影响。作为一种新型的创新创业投融资机制,风险投资并不只是为创新企业提供资金,它还在创新项目孵化、创新成果转化、市场开拓、企业管理等方面发挥着重要作用。

(一) 美国风险投资

在美国,1994 年风险投资管理资本总额仅为 332 亿美元,到了 2004 年已达 2711 亿美元,10 年增加了近 8 倍。尽管由于 2008 年国际金融危机造成了投资缩水，但仅在 2014 年，美国的风险投资管理资本总额仍高达 1565 亿美元。①风险投资在美国兴起并经过数十年的快速发展，已经积累了大量的成功经验，形成了一套非常成熟的发展模式。如果用四个字来总结这一发展模式，那就是"官助民营"，即政府积极引导、市场广泛参与。从政策的角度来说，为了促进风险投资的发展，美国政府制定了一系列的优惠政策，努力为风险投资的发展创造一个良好的环境。主要做法有以下几个方面。

1. 税收优惠。在 1978 年颁布的税法中将风险投资基金的税率从 49% 降至 28%，1981 年又进一步降至 20%。这一措施使美国的风险投资在 20 世纪 80 年代初期大约以每年 46% 的幅度激增。例如，在美国采取有限合伙制的风险投资基金，可以获得税收上的优惠，政府也通过这种方式鼓励风险投资的发展。

2. 政府补助。即政府向风险投资者和风险企业提供无偿资助。

3. 放松管制。为了支持风险投资企业高新技术的合作和开放，美国政府尽可能放宽行政限制，给风险投资以切实的行政支持。美国的风险投资产业也具备良好的外部投资环境。美国的金融市场高度发达，法律规定也比较完备，良好的外部环境是风险投资体系运作顺畅的前提条件和基础，并有力地推动了风险投资的发展。美国专门为风险投资企业建立了"第二股票市场"，这类市场以发行风险投资企业的股票为主，使风险资本既能"投得进"，又能"出得来"，为各方的利益提供了有力的保障。此外，美国已形成了一整套世界上最为完善的高科技开发体系，政府也制定了一套能够约束各方行为的制度，从而建立起成熟的技术市场，保证风险投资所必须具备的高新技术来源。

4. 充足的人才储备。美国风险投资业在发展过程中，培育了一批懂得经营风险资本的人才，他们具有强烈的风险意识和开拓创新精神，并且结构合理，层次分明，从风险投资家到一般技术人员，均数量充裕且各层次人才搭配科学。

5. 众多的辅助机构。进行风险投资，投资者将面临技术风险、市场风险、

----

① 王元，张晓原，张志宏. 2015 年中国创业风险投资发展报告 [M]. 北京：经济管理出版社，2016：114.

管理风险等，单靠其自身的力量难以有效地规避众多的风险，因此，能够提供各类咨询服务的辅助机构在美国十分普遍，它们在风险投资业发展的过程中起到了非常重要的作用。①

美国的风险投资经过长期的发展，日趋成熟，积累了丰富的经验，形成了一套制约和分散风险的机制。在投资决策方面，进行严格审慎的决策分析，对要投资的项目了然于胸，实行分段投资，并以组合投资的方式来分散风险。在风险企业管理方面，风险投资公司亲自参与企业的重大决策，提供管理经验和市场信息。同时，实行"在马死之前先把它卖掉"的策略，及时撤资，以便进行下一轮投资。

第一，为中小企业的创新活动提供技术条件和资金支持。美国政府以无偿资助的形式实施"小企业创新研究"（SBIR）计划和"小企业技术转移"（STTR）计划，SBIR 计划旨在将一定比例的政府部门的研发经费用于支持小企业，鼓励小企业进行创新活动；STTR 计划旨在帮助小企业将研发成果从实验室推向市场。此外，美国中小企业局（SBA）为促进风险投资业的发展，于 1958 年建立了小型企业投资公司（SBIC），对中小企业的创新活动提供资金扶持。1996—2000 年，将近一半的中小企业都接受了 SBIC 的扶持。SBIC 投向中小企业的金额在风险投资总额中也占有相当的比重。

第二，出台法律法规促进风险投资的发展。美国政府于 20 世纪 70 年代末、90 年代末先后出台了一系列法律法规，鼓励民间资本进行风险投资。这些法律法规为促进风险资金存量的增加和风险投资业的稳定发展创造了良好的法律环境。

第三，实行优惠的税收政策。为促进风险投资的发展，美国政府将新兴企业的所得税税率从 1970 年的 49% 降至 1980 年的 20%，资本所得税税率也从 1968 年的 49% 降至 1978 年的 28%，1982 年又降到 20%。

第四，为高科技中小企业的银行贷款提供政府担保。SBA 为高科技中小企业 15.5 万美元以下的贷款提供 90% 的担保，为 15.5 万 ~20 万美元的贷款提供 85% 的担保。1993 年，美国政府规定银行可以向风险投资企业提供占其

---

① 陈泉. 美国风险投资发展历程及借鉴［J］. 合作经济与科技，2005（4）.

总投资 90% 的贷款，且承诺如果企业破产，政府可以赔偿银行贷款的 90%。政府担保降低了银行向新兴企业贷款的风险，进一步促进了美国风险投资业的发展。

第五，实行向新兴企业倾斜的政府采购计划。政府承诺，在制定及执行采购法等相关法律时，优先考虑新兴企业。[①]

（二）英国风险投资

1. 政府直接参与英国的科技风险投资。1973 年，英国政府设立了国家企业局进行地区工业投资，为高科技中小企业提供贷款。1981 年，英国国家企业局与国家风险投资公司合并，成立了英国最大的官办风险投资公司——英国技术集团，以低息贷款的形式主要面向公营部门进行风险投资。英国的国家金融机构也多设有相关部门为风险投资发展提供资金和咨询服务。

2. 制定相关法律法规，为风险投资的发展提供良好的运行环境。1981 年，英国政府推出贷款担保计划（Loan Guaratee Scheme，LGS），对创业期在两年内的中小企业提供 10 万英镑以下的政府担保，担保比例为贷款总额的 70%；对创业期在两年以上的中小企业提供 25 万英镑以下的政府担保，担保比例为贷款总额的 85%。LGS 从创立到 1996 年 3 月，共有 5 万项总计 16.7 亿英镑的贷款得到了担保。此后，英国政府陆续推出了商业发展计划和企业扩大计划，对风险投资的发展实施税收优惠，包括根据小企业的研发支出减免税收、对风险企业管理人员的股份给予税收优惠等。

3. 建立多层次的市场体系为风险投资提供良好的融资渠道和退出渠道，比如 1980 年在伦敦开设"未正式上市公司股票市场"。

（三）法国风险投资

1. 在资金投入方面，法国政府对风险投资进行了直接的资金扶持。1987 年，法国设立"创新资助金"，扶持创办不足 3 年的技术型企业。1998 年，法国政府决定从法兰西电信公司的利润中提取 6 亿法郎作为风险资金。2000 年，法

---

① 李泽. 美国政府支持风险投资的一些模式［J］. 科技与企业，2008（8）.

国政府、欧洲投资银行和法国信托储蓄银行分别出资 5000 万欧元联合成立了"2000 年风险投资基金"，对从事高新科技的中小企业进行资金扶持。

2. 在税收政策方面，对风险投资公司实行所得税减免。

3. 法国政府允许大公司、银行、保险公司、养老基金等组织机构进入风险投资业。这些措施的推行，大大促进了法国风险投资的发展。

（四）德国风险投资

德国的第一家风险投资公司于 1982 年在慕尼黑成立，德国政府在风险投资方面的干预比较直接。

1. 对中小企业的创新行为进行资金扶持。德国政府和银行共同以低息贷款的方式对从事高新技术研发的中小企业进行资金扶持，其中高技术小企业风险投资计划（BTU）以股权投资的方式进行扶持，欧洲振兴创新计划（ERP）以政府贷款的形式进行扶持。

2. 政府补贴和政府担保。德国在各州建立了 80 多个技术创业中心，扶持新建的高新技术中小企业，并对高技术企业的研究项目进行补贴，凡获准补贴的项目第一年可获得相当于其研究成本 80% 的财政补贴，第二年为 50%，第三年为 20%。德国科学工业园区创业初期的投资，几乎全部由州政府提供或给予一次性补贴，德国政府还为投资者进行股权担保，最高担保比例达 50%。

3. 政策法规介入。德国政府制定并出台了优惠的投资融资政策、宽松的资本市场政策和优惠的税收政策以促进风险投资的发展。

四、科技信贷

在具体实践方面，由于各个国家的科技和金融发展的成熟度不同，对科技金融的认识和实践自然不同。美国的创新历史悠久，是世界上第一个鼓励技术型经济发展模式的国家，创新是美国强国立国的基本法则，其他发达国家和部分新兴市场国家在支持科技信贷方面的做法中也有许多我国可以借鉴的成功经验。

（一）美国科技信贷

1. 美国知识产权质押融资模式

1930 年，美国颁布了《小企业法》[①]，确定了小企业的法律地位和国家对小企业的基本政策及管理措施，成为支持小企业的基本法。此外，美国还颁布了《机会均等法》、《联邦政府采购法》、《小企业投资法》、《小企业经济政策法》、《小企业创新发展法》、《小企业投资奖励法》、《扩大小企业出口法》、《小企业贷款增加法》、《小企业项目改进法》和《小企业投资中心技术改进法》等，将技术创新和解决就业确立为小企业的两大功能，不断优化小企业的外部环境。2010 年 9 月，美国国会通过了《小企业就业法》，对小企业实施了高达 140 亿美元的减税、信贷和其他刺激措施，以促进经济的增长和就业的增加。在美国，中小企业管理机构主要由三个部门组成：一是白宫小企业会议（White House Small Business Conference）；二是参众两院设立的小企业委员会（Small Business Committee，SBC）；三是联邦政府小企业管理局（Small Business Administration，SBA），主要为中小企业贷款提供担保，帮助中小企业获得企业补贴，提供管理和咨询培训服务以及提供政府采购合同。

2. 美国政府担保模式

SBA 并不直接向贷款者发放贷款，而是作为中介者的角色，向放贷者提供担保，帮助贷款者获得贷款。根据一定的担保比率，当贷款者不能如期履行还款义务时，由政府补偿放贷者的损失。SBA 获得政府补贴需要满足严格的条件，并保证获得的补贴用于合适的用途。政府补贴又可划分为联邦政府、州政府或地方政府的补贴。目前，联邦政府补贴主要针对从事科技研究和开发的企业，而州政府或地方政府补贴则更多地考虑本地的实际状况和企业的发展需要，例如部分州提供能源技术补贴以及旅游开发补贴等。

SBA 提供咨询与管理培训服务，在美国各州至少设有一间办公室，负责为当地的中小企业提供咨询服务。SBA 通过设在全国的经理服务公司和 960 个中小企业服务点，以自愿和合同的方式为中小企业服务，在创业准备、计

---

① http://us.mofcom.gov.cn/article/ztdy/201312/20131200416095.shtml，2015 年 10 月 9 日。

划拟订、公司成立、行政管理、商业理财等多方面提供咨询。

在政府采购方面的扶持政策上，美国法律规定，联邦政府采购合同份额的 23% 必须给予小企业，并要求大企业将获得的政府采购合同份额的 20% 转包给小企业。SBA 还积极推动政府机构和大企业在二级合同中向中小企业订货，为中小企业从联邦政府的采购计划中争得合理份额的货物和服务合同。对退伍及伤残老兵经营的中小企业还有特殊优待，1999 年颁布的《退伍老兵中小企业发展法》规定，每年政府采购总额的 3% 以上应该和这类中小企业签订。其具体申请流程：首先由企业向金融机构提出 SBA 申请，金融机构向 SBA 提出 SBA 担保要求，而企业所有人需要向 SBA 提供抵押物，包括知识产权。虽然 SBA 不会因为一项贷款缺少抵押物就不批准，但是这可以成为其拒绝申请的理由。在 SBA 同意担保的情况下，金融机构向企业提供贷款，其贷款利息由金融机构和企业商榷决定，SBA 仅设置银行可收取的利率最高值。根据抵押物的所有权年限和企业的贷款额度，贷款年限一般是 5～20 年。美国 SBA 多层次目标如图 2－1 所示。

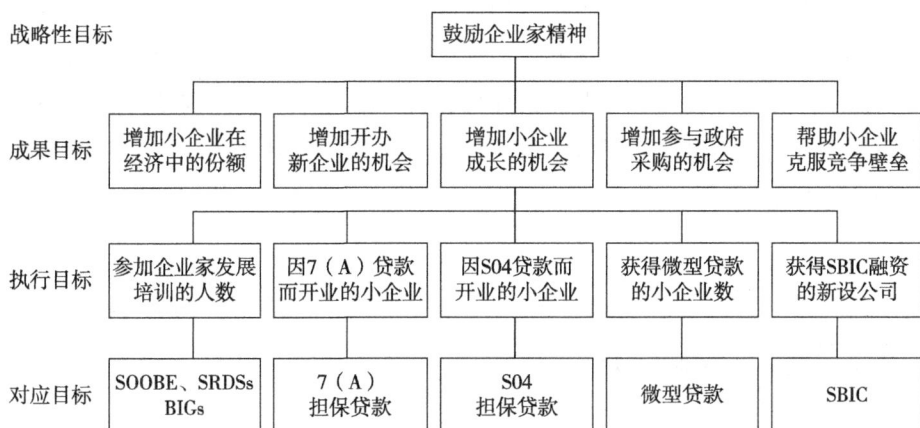

图 2－1 美国 SBA 多层次目标

（资料来源：国金证券研究所）

（二）日本科技信贷

1953 年日本《信用保证协会法》的颁布，明确了信用保证协会在实际操作中的法律地位，该协会主要面向中小企业提供公共信用保证，属于不以营利为目的的政策性金融机构。日本的中小企业信用保证公库的形成为中小企业向金融机构贷款提供了信用保证，实现了保证与再担保相结合的信用保证体系。日本1952年成立了52家地方信用保证协会，承担中小企业融资的信用担保。[①] 为了提高地方信用保证协会的偿付能力，日本政府出资设立了中小企业信用保险公库。

中小企业信用保险的基本程序（见图2-2）：中小企业向信用保证协会申请信用担保，信用保证协会对企业的资信进行尽职调查，对符合条件的企业进行担保，银行向企业发放贷款。如果被担保的中小企业不能按时向银行偿还贷款，信用保证协会在调查确认后向银行代位补偿，自动取代银行的债权人地位，取得代位求偿权。信用保证协会并不是一味地追讨债务，其会利用自身的资源和优势同企业经营者一起制订经营管理计划，尽力帮助企业走出困境，尽量避免坏账的产生。如果发现企业确实无法继续经营、无力偿还债务，那么由连带保证人偿还，如果连带保证人也不能全部偿还，信用保证协会可通过法院拍卖质押的知识产权。同时，日本的企业信用保险公库可以为信用保证协会提供担保保险，当信用保证协会为中小企业担保时，信用保证协会可以为该笔担保购买保险，向保险公库交纳一定的保险费，当出现实际代偿后，保证协会可以向保险公库申领部分保险金。信用保证协会在接受中小企业者的信用保证委托时收取的相应报酬用于弥补损失、日常经费等必要的经费开支。

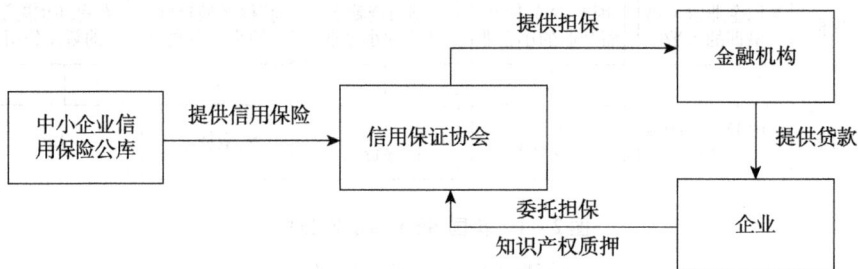

图2-2 日本信用保证贷款流程

---

① 文海兴，许晓征. 日本信用保证业发展的经验 [J]. 中国金融，2011（8）.

五、科技保险

国外科技保险始于 20 世纪 50 年代，至今仍没有完整的理论，也没有系统化的科技保险分类，但在实践上的经验十分丰富。美国通过商业保险手段帮助企业转移技术创新活动中产生的风险主要有两种方式：第一种是提供单独险种以规避科技创新中产生的特定风险，如转移侵权风险的知识产权保险，转移责任风险的过失与疏忽保险，规避互联网信息安全的网络保险等。第二种是保险公司针对特定行业、特定企业提供的定制型、组合式保险方案，如为 IT 和生物工程等高新技术产业提供的一揽子保险解决方案。发达国家和经济体有大量的高科技企业，其科研创新能力普遍较强，因此面临更多的科技风险。并且其保险业发展得更为成熟，积累了很多实践经验，对我国科技保险的发展具有借鉴意义。

（一）知识产权/专利保险

在发达国家，企业竞争激烈，科技创新日新月异。专利和知识产权是企业的命脉。因此，知识产权/专利保险险种应用普遍、发展迅速且规范化。知识产权/专利保险主要包括以下两种类型。

1. 知识产权侵权责任保险，主要是专利侵权责任保险。这属于第三方保险，主要赔偿被保险人侵犯他人知识产权时的法律辩护费用以及被判承担赔偿责任时支付的损害金。

2. 知识产权财产保险，主要是专利保护保险。这属于第一方保险，主要支付被保险人由于其知识产权被侵权时的法律诉讼费用。在国外，向大型企业提起诉讼需要一定的资金实力与时间，此项保险尤其保证了中小型科技企业对自身专利权的维护。

（二）过失与疏忽保险

过失与疏忽保险也可称作职业责任保险，是以专业技术人员在从事职业技术活动时因过失或疏忽导致合同对方或他人人身伤害或财产损失的经济赔偿责任为承保风险的责任保险。职业责任多为技术性较强的工作导致的责任事故。这种风险更多地存在于生产复杂产品的高新技术企业，如生产电子产品软硬件的企业中。国外有许多专业保险公司承保这一险种，美国丘博保险公司就有这一业务。

（三）网络保险

网络在为科技发展提供更多机会和便利的同时也附加了一定的风险，网络保险的承保范围主要包括：病毒攻击、拒绝服务、网站内容责任、网站责任、著作权、侵权、商标权侵权、黑客入侵等。在国外，越来越多的保险公司推出网络保险这一险种，参保企业数量增长迅速。网络保险是目前保险领域发展最快的险种。在网络安全隐患下，中小科技企业由于缺乏对网络风险的防范机制及应对实力，对网络保险的需求非常大。

（四）融资租赁保险

融资租赁是指由出租人根据承租人对租赁物件的特定要求和对供货人的选择，出资向供货人购买租赁物件，并出租给承租人使用，承租人则分期向出租人支付现金。在租赁期内，租赁物件的所有权属于出租人所有，承租人拥有租赁物件的使用权。融资租赁保险是针对在融资租赁过程中出租人面临的风险而设立的保险。例如，美国的"海外私人投资公司"和日本的"融资租赁保险方案"都是以承租人的信用风险、国别风险等为标的的保险产品。

（五）产品责任保险

产品责任保险指承保生产者或销售者因产品缺陷引起的依法承担的赔偿责任的保险。基本责任：在保险有效期内，保险公司在保险规定的赔偿限额内赔偿被保险人生产、销售、分配或修理的产品发生事故，造成用户、消费者或其他任何人的人身伤害（包括疾病、伤残、死亡）或财产损失，依法应由被保险人承担的责任；被保险人为产品事故所支付的诉讼、抗辩费用，以及其他保险公司事先同意支付的费用，保险公司予以赔偿。这是发展得比较成熟的保险业务，美国丘博保险公司就提供产品责任保险。

（六）环境责任保险

环境责任保险又称"绿色保险"，在每个国家的具体名称不同。一般来说，是指以被保人因污染环境而应当承担的环境赔偿或治理责任为标的责任的保险。环境责任保险由公众责任保险发展而来。目前的环境责任保险主要分为两类：环境损害责任保险和自有场地治理责任保险。

（七）组合式保险解决方案

组合式保险解决方案是国外保险业面向某些特殊行业，如电子信息行业和生命科学行业的保险产品。相对于单一险种保险产品的单一险种免赔额和赔偿限额，组合式保险解决方案提供了整个保险期间多个险种保险责任的累计免赔额和赔偿限额，提高了企业的风险成本使用效率。

六、场外交易市场

场外交易市场（Over the Counter，OTC），又称柜台交易或店头交易市场，泛指在交易所外由证券买卖双方当面议价成交的市场。[1] 它是一个分散的无形市场。场外交易市场没有固定的、集中的交易场所，没有规定的成员资格，没有严格的可控制的规章制度，也没有限制交易产品和市场，其交易主要是交易双方通过私下协商进行的"一对一"交易。在 OTC 市场中，证券经营机构主要发挥做市商（Market Maker）的作用，既是交易的组织者，又是交易的参与者。[2] 场外柜台交易系统（Over the Counter Bulletin Board，OTCBB）和粉单市场（Pink Sheets）[3] 是美国的全国性场外交易市场，OTCBB 是美国三板市

---

[1]　Grube RC, Joy O M and Howe J S. Some Empirical Evidence on Stock Return and Security Credit Regulation in the OTC Equity Market. Journal of Banking and Finance, Vol 11, 1987, pp. 17 – 31.

[2]　做市商制度是一种市场交易制度，由具备一定实力和信誉的法人为做市商，不断地向投资者提供买卖价格，并按其提供的价格接受投资者的买卖要求，以其自由资金和证券与投资者进行交易，从而为市场提供流动性，并且通过买卖价差来实现一定的利润。简单地说，就是报出价格，并能够按这个价格买入或卖出。

[3]　粉单市场是由私人设立的全国行情局于 1911 年成立的，为未上市公司证券提供交易报价服务。

场最主要的场外交易市场（见图 2 - 3）。①

　　为了便于交易并加强 OTC 市场的透明度，纳斯达克根据美国证监会（SEC）的要求于 1990 年设立了 OTCBB 市场，专门为未能在全国性市场上市的公司股票提供一个分享证券信息和交易证券的场所，并且将一部分在粉单市场上的优质企业转到 OTCBB 上。② OTCBB 市场直接使用纳斯达克的电子交易系统，提供实时的股票交易价格和交易量，进行报价、交易和清算。其后，OTCBB 独立出来自主运行，直接由美国证监会和全美证券商协会负责监管。在 OTCBB 上面流通交易的公司，都是不能达到在纳斯达克全球市场（NAS-DAQ Global Market）或小资本市场（Small Market）上挂牌上市要求的公司，因此被称为"未上市证券市场"。OTCBB 交易品种丰富，既可交易全国性证券，也能交易地区性甚至国外的证券，不但有股票上市交易，还能交易基金、权证、存托凭证等。而且 OTCBB 与纳斯达克建立了良好的转板机制，当OTCBB 的公司满足上市条件后，可以升板到纳斯达克，以后还可以进一步升板到纽约证券交易所挂牌。OTCBB 对挂牌企业没有定量的要求标准，挂牌程序简单。

　　OTCBB 市场采用做市商报价驱动的交易模式，买卖双方无须等待对方出现，只要做市商出面承担另一方的责任，交易就可以完成。这提高了市场的流动性和交易的效率，做市商通过不断买卖赚取其中的差价盈利，保证了市场的流动性，也能够让挂牌企业通过交易价格决定融资价格，有效地发现中小企业的企业价值。

　　在具体实践方面，作为美国三板市场最主要的场外交易市场，2000 年以前美国 OTCBB 市场挂牌交易的公司数量一直呈上升趋势，绝对数字超过 5000家，其公司数量在美国市场的占比一度超过 40%。1999 年 1 月美国证监会发布的《场外柜台交易系统合规条例》较为严厉，提高了证券市场的透明度，体现在纳达斯克市场从 1999 年开始清理在 OTCBB 报价的挂牌企业，原因是这些企业未能履行财务信息公开的披露要求，仅仅 4 年时间就将 1098 家纳斯

---

① Bollen N P B & Christie W G. Market Microstructure of the Pink Sheets. Journal of Banking and Finance, Vol. 33, 2009, pp. 1326 - 1339.

② 李昇. 美国多层次资本市场的结构及其借鉴作用 [J]. 经济视角, 2013 (6).

```
                    ┌──────────┐
                    │ OTC市场  │
                    └────┬─────┘
         ┌───────────────┼───────────────┐
    ┌─────────┐  ┌──────────────┐  ┌─────────┐
    │ 批发市场 │  │外汇/金融衍生 │  │ 零售市场 │
    └────┬────┘  │  产品市场    │  └────┬────┘
         │       └──────────────┘       │
    ┌────┴────┐                    ┌─────┴──────┐
┌────────┐ ┌────────┐         ┌─────────┐ ┌─────────┐
│ 第三市场│ │ 第四市场│         │纳斯达克 │ │ 分值    │
└────────┘ └────────┘         │证券市场 │ │股票市场 │
                              └────┬────┘ └────┬────┘
                         ┌─────────────┐ ┌──────────┐
                         │纳斯达克     │ │OTC公告   │
                         │全国市场     │ │板市场    │
                         └─────────────┘ └──────────┘
                         ┌─────────────┐ ┌──────────┐
                         │纳斯达克     │ │粉单市场  │
                         │小型资本市场 │ └──────────┘
                         └─────────────┘
```

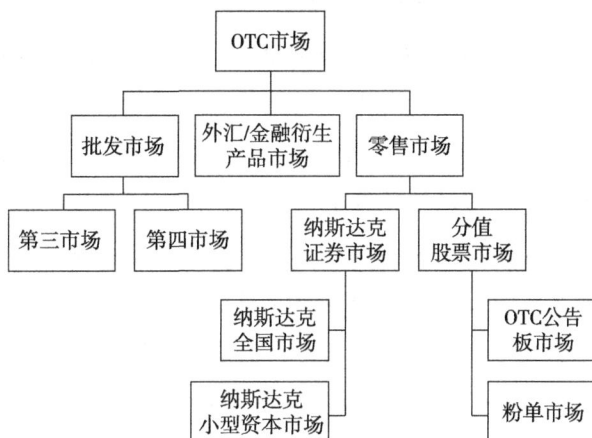

图 2 - 3　美国多层次资本市场

达克上市的公司退板到 OTCBB 市场或者粉单市场交易。[①] 基于 1998—2004 年的统计数据，每年几乎都有五分之一的挂牌企业从纽约证券交易所市场和纳斯达克市场等转板到 OTCBB 市场进行交易，尤其是纳斯达克市场退市数量特别明显，近几年几乎每年平均有 150 家挂牌企业退市。

在挂牌企业数量方面，OTCBB 自 2000 年以后开始逐渐平稳，2001—2011 年间挂牌企业数量占比一直维持在全美市场的 30% ~ 40%。截至 2009 年 9 月，在 OTCBB 挂牌的公司为 3437 家。目前在美国 OTCBB 市场挂牌的公司可以概括为三种类型：第一种类型是因财务状况下滑而从纳斯达克转板到 OTCBB 的公司，这些公司大多需要进行重组改造；第二种类型是未能达到纳斯达克市场上市要求的公司，这类公司多为新兴公司，具备较高的成长性，很可能在未来成为明星企业；第三种类型是民营独资或控股的公司，尤其是地区性的保险公司和银行。从美国 OTCBB 市场挂牌企业的类型和数量上看，我国"新三板"市场还是有很大的发展空间的。

美国的 OTCBB 市场机制已经相当成熟，为那些从纽约证券交易所和纳斯达克等市场退板的公司提供"软着陆"的场所和机制，使这些公司能够被投

---

① 张杰. 中美多层次资本市场体系比较及对我国"新三板"建设的启示 [J]. 商业时代，2013，30.

资者继续交易，还实现了方便快捷的升级转板机制。美国资本市场的"无缝连接""转板升降"机制使得企业在证券市场上市容易但是退市率也高。基于1998—2004年的数据，每年约有20%的挂牌企业从纽约证券交易所市场和纳斯达克市场退市到OTCBB市场进行交易。转板也很便利，只要达到纽约证券交易所市场和纳斯达克市场等挂牌上市标准之后，经申请，最快一周就能实现转板，到这些市场挂牌交易和融资。比较典型的例子就是世界闻名的微软公司，它就是通过OTCBB市场转板到纳斯达克市场的。OTCBB市场在国际上被公认为最成熟和最完善的三板市场，它也是当今世界各国研究和效仿场外市场交易管理的对象，我国新三板市场的市场功能、定位和层次与其非常接近。

第三章　科技金融中国实践

一、科技金融发展概况

当前国际竞争日益激烈，科技金融逐渐在国家发展与加快产业升级、提高供给侧改革质量的过程中扮演着重要的作用。在中央政府引导下，我国科技工作坚持"自主创新、重点跨越、支撑发展、引领未来"的指导方针，结合创新驱动力与供给侧改革，通过体制创新与制度创新，将发展科技作为工作重点与发展要点，结合金融的重要作用，走出一条适合中国科技发展与金融市场特点的发展道路。我国现阶段科技金融发展概况主要包括以下特征。

（一）政策环境日益完善

作为发展重点，促进科技金融的相关政策与法案近年来陆续出台。国务院于2006年出台了《实施〈国家中长期科学和技术发展规划纲要（2006—2020年）〉的若干配套政策》，切实从国家层面推动科技金融发展；2010年，科技部会同中国人民银行、中国银监会、中国证监会、中国保监会五部门联合出台了《促进科技和金融结合试点实施方案》，在理论层面为科技金融健康发展提供了指导方向；结合国外相关政策，2011年财政部与科技部发布了《国家科技成果转化引导基金管理暂行办法》，探讨构建以创投基金、风险担保以及科研单位绩效奖励的多元化促进体系，推动促进科技转化过程与提高转化效率。在这样的背景下，2011年年底，中国人民银行联合证监会、银监会与保监会选定中关村、长沙高新技术园区等16个试点地区，实践科技与金融结合的发展模式。

（二）服务区域逐渐扩大

为了推进科技金融结合相关进程，政府联合企业、金融中介与投融资机构与各类资源，打造适应地方性发展的科技金融创新服务平台，整合地区科技金融资源。同时，也为中小型科技创新企业提供发展途径与专业化服务提供商。四川省高新技术产业服务中心是我国最早的科技金融服务提供中心，随后全国各地的科技金融服务中心如雨后春笋般迅速成立。截至 2017 年 11月，以科技金融中心命名的服务中心已经超过 250 家。[①] 这些中心以政府支持引导资金为基础，以科技项目为主要目标，以提供政府扶持、银行信贷、创业投资金融要素为主要手段，满足不同高新技术科技企业的融资、咨询、评估、管理等相关需求。此外，来自各界的专家也加入了由科技部与银监会共同建立的"科技型中小企业信贷项目评审科技专家咨询服务平台"，为科技企业提供专业的指导与服务。

（三）多层次资本市场体系初现轮廓

为了拓宽科技型企业在资本市场的融资渠道，我国已经形成了由创业板、中小板与场外交易市场相结合的多层次资本市场体系。截至目前，75% 以上在创业板与中小板上市的企业为科技企业。同时，场外市场的发展也切实改善了中小企业外部融资环境。2012 年，证监会扩大了非上市企业转让试点范围，从由北京中关村科技园扩大至上海张江高新技术产业开发区、天津滨海高新区和武汉东湖高新技术产业开发区三个国家级高新区。以天津滨海高新区为例，截至 2016 年 12 月 28 日，滨海新区提前完成企业股改、挂牌、上市各项工作目标，累计新增启动股改企业 96 家，已完成全年任务的 106.7%；累计新增完成股改企业 80 家，已完成全年任务的 100%；新增沪、深交易所上市及新三板挂牌企业 40 家，已完成全年任务的 108%；累计培训有股改上市意愿企业 450 家，已完成全年任务的 100%。[②]

---

① 郝莉曼. 我国科技金融服务中心超 250 家 [N]. 人民日报，2017－11－23.
② 韩昱君，魏炳锋. 2016 年天津滨海新区新增挂牌企业 40 家 [N]. 天津日报，2016－12－30.

（四）科技创新能力显著提高

在政策环境与多元化的金融市场便利协同促进下，我国高新技术产业快速发展。图 3-1 总结了 2013 年至 2019 年中国高新区市场运行的相关数据，可以看出，中国高新区入驻企业稳定增加，营业收入稳定增长，净利润逐年上升。这不仅凸显了企业层面快速发展的趋势，同时也体现了政策面与资本市场面对于高新技术企业发展提供的政策便利与金融支持。

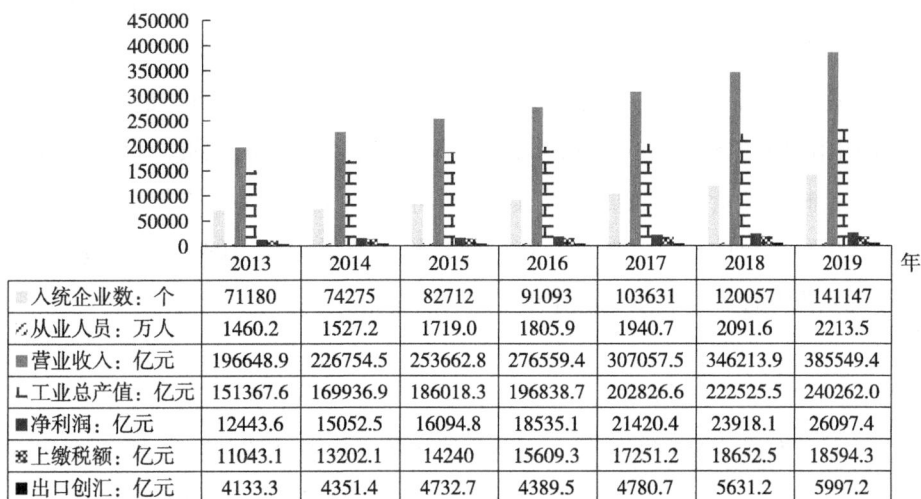

	2013	2014	2015	2016	2017	2018	2019
入统企业数：个	71180	74275	82712	91093	103631	120057	141147
从业人员：万人	1460.2	1527.2	1719.0	1805.9	1940.7	2091.6	2213.5
营业收入：亿元	196648.9	226754.5	253662.8	276559.4	307057.5	346213.9	385549.4
工业总产值：亿元	151367.6	169936.9	186018.3	196838.7	202826.6	222525.5	240262.0
净利润：亿元	12443.6	15052.5	16094.8	18535.1	21420.4	23918.1	26097.4
上缴税额：亿元	11043.1	13202.1	14240	15609.3	17251.2	18652.5	18594.3
出口创汇：亿元	4133.3	4351.4	4732.7	4389.5	4780.7	5631.2	5997.2

图 3-1　2013—2019 年中国高新区总体经营情况

（资料来源：智研咨询整理《2013—2019 年中国高新区市场运行格局及战略咨询研究报告》）

在政府与资本市场构建的协同发展框架下，我国以科技金融相结合的主要工作和工作成果逐渐显现。但是，我们也不能回避在发展中面临的一些问题，例如，金融服务体系依然不完善、中小型科技企业融资难、成果转化难、转化效率低等。因而，未来任务依然艰巨，道路依然艰辛。本章将通过阐述国内各省份科技金融协同发展的主要案例，分析地方部门是如何构建发展模式、制定发展政策，如何兼顾公平的同时推进改革，促进科技金融发展。本章将主要从我国科技金融发展的政策引导、科技信贷、创业投资、科技担保与保险、多层次资本市场这五个维度出发，对我国国内各地区科技金融发展情况做一个论述。

二、北京科技金融实践

北京市作为首批科技型中小企业融资平台，为了响应国家号召加快科技创新的脚步，2009 年在中关村科技园区建设了国家自主创新示范区。从此，"中关村模式"成为全国科技金融创新的先驱者，科技金融发展的目标升级为"进一步强化金融对建设具有全球影响力科技创新中心的支撑作用，加快建设国家科技金融创新中心"。北京模式是以"园—区"为品牌、政策服务为支撑的政府主导模式。

目前，北京在中关村示范区的引领下，已经走在了全国自主创新的前列，作为中国政治经济的中心区域，北京市科技型中小企业的融资渠道通常可以分为科技相关信贷、科技股权投资、资本市场运作等，第三方机构也为企业融资提供了重要的帮助。此外，在构建科技企业融资体系的过程中，政府的指导性政策发挥着非常重要的作用。

（一）政策规划

为了"优化金融创新环境、完善市场体系、加强统筹引导"，北京市出台了一系列政策，在相关国家政策的指引下，自 2009 年以来，中关村示范区颁布了共计 62 项科技金融政策，目的就是促进科技创新、科技与金融的结合。从融资方式、融资担保到天使投资、银行信贷等各方面给予充分的支持。

2010 年年底，中关村科技创新和产业化促进中心（中关村创新平台）于北京正式成立，平台下设立科技金融专项工作组。以财政部、国家发展改革委、科技部、中国人民银行、中国银监会、中国证监会、中国保监会、国家外汇管理局、中国人民银行营业管理部、北京银监局、北京证监局、北京保监局、北京市金融局、北京市发展改革委等国家与市级部门共同组成工作组，协同实施推进北京市科技金融发展工作。

此外，北京市人民政府办公厅于 2010 年出台了第一份针对首都科技金融创新发展的文件《北京市人民政府关于推进首都科技金融创新发展的意见》。该文件结合北京市实际情况，提出以加快建设中关村科技金融创新中心为首要目标、带动全市完善科技信贷支持体系、拓展科技企业市场融资体系、发展股权投资服务体系、完善科技保险创新体系、发展科技企业信用增强体系和构建科技金融组织保障体系的八个具体目标。此文件明确了北京作为国家重点科技金融发展平台的发展方向,从科技金融的各种方面提出具体要求,不仅标志着北京科技金融发展开启了一个实质性的阶段,也为日后各个针对科技金融具体方面的政策提供了基础。

以中关村示范区为例,中关村示范区针对不同层次科技企业设立了不同的针对性政策,以保证所有企业能够良性发展,避免出现发展两极化现象。其中最具代表性的两个政策分别是"瞪羚计划"和"展翼计划"。

"瞪羚计划"是专门针对科技型中小企业融资难的问题,改善中小企业融资环境而由中关村管委会设立的计划。业界通常将高成长的科技型中小企业称为"瞪羚企业",并且设置了瞪羚企业的经济指标界定:以企业申请"瞪羚计划"上一年度实现的技工贸总收入规模及技工贸总收入和利润的同比增长率作为界定标准。企业的技工贸总收入规模为 1000 万至 5 亿元,其中又分三个级别:总收入在 1000 万至 5000 万元,收入增长率达到 20% 或利润增长率达到 10%;总收入在 5000 万至 1 亿元,收入增长率达到 10% 或利润增长率达到 10%;总收入在 1 亿至 5 亿元,收入增长率达到 5% 或利润增长率达到 10%。[①] 针对瞪羚企业设立不同优惠政策,包括简化反担保程序,提供园区贷款贴息,加快协作银行贷款审批程序。

"展翼计划"是针对发展规模未达到瞪羚企业标准的科技型中小企业设计的政策。针对这类企业设置星级贴息比例,简化反担保措施,加快银行贷款审批,针对发行直接融资产品的企业提供社会筹资利息 39% 的补贴,对于企业同一笔贷款最多享受三年补贴支持,企业同一笔担保融资能申请一种方式的贴息和贴保费支持的优惠政策。

目前北京以中关村示范区为主要科技金融发展平台,以中关村创新平台设立的科技金融专项工作组提出的政策为中心,突出中关村示范区的试点及指向作用,以科技担保体系和多层次资本市场为媒介,以对接科技和多样化

---

① 中关村国家自主创新示范区——瞪羚计划:http://www.zgc.gov.cn/。

资本为基础的科技金融体系。在未来的发展中，北京依旧会发挥自己科技金融带头人的作用，向其他地区辐射优质科技创新渠道，引导其他地区共同提高。

政策体系的协调和推动对于北京市科技金融产业融合发展起到了巨大的促进作用。除了以上提到的政府部门设置、纲领性政策与定制化的政策计划外，为了把握我国当前政策的主体导向，本部分简要阐述了近年北京市科技金融政策，以对政策进行一个相对集中的梳理（见表3-1）。

表3-1 北京市近年科技政策概况

政策分类	政策名称	主体内容
国家政策	《关于强化实施创新驱动发展战略进一步推进大众创业、万众创新深入发展的意见》（2017年）	（1）大众创业、万众创新深入发展是实施创新驱动发展战略的重要载体；（2）加快科技成果转化；（3）拓展企业融资渠道；（4）促进实体经济转型升级；（5）完善人才流动激励机制；（6）创新政府管理方式
	《"十三五"农业农村科技创新专项规划》（2017年）	（1）健全农业科技创新体系；（2）构筑农业科技创新先发优势；（3）夯实农业科技创新物质基础；（4）壮大农业高新技术产业；（5）提升农业科技国际合作水平；（6）增强县域科技创新服务能力；（7）强化科技扶贫精准脱贫
	《"十三五"国际科技创新合作专项规划》（2017年）	（1）深化对外科技合作；（2）推进"一带一路"科技互通互联；（3）加大对外开放；（4）积极参与国际组织牵头的大科学计划与工程；（5）丰富科技支援内涵与方式；（6）加快培养创新人才；（7）优化创新全链条；（8）构建区域创新新局面；（9）努力推进"双创"
	《"十三五"国家科技人才发展规划》（2017年）	（1）加快科技人才队伍结构的战略性调整；（2）大力培养优秀创新人才；（3）重点引进高层次创新人才；（4）营造激励科技人才创新创业的良好生态；（5）体制机制创新；（6）相关组织措施
	《关于支持科技创新进口税收政策管理办法的通知》（2017年）	（1）确定免税主体范围；（2）减免税审核确认；（3）确定免税进口有关用品的税款担保；（4）免税进口用品的管理；（5）政策执行衔接
	《中国科学院关于新时期加快促进科技成果转移转化指导意见》（2016年）	（1）基本原则；（2）资产管理相关问题；（3）人员管理相关问题；（4）考核机制问题；（5）条件保障问题

（二）科技信贷

北京市是金融机构高度集聚化的地区，辖区内银行业法人金融机构数量达 115 家，资产总额合计 196601 亿元。其中，包括工商银行、农业银行、中国银行、建设银行和邮储银行五大国有商业银行，且五大国有商业银行总部也设于北京。此外，一些外资银行也在北京地区设立营业机构。截至 2016 年，北京市本外币存款余额达 138408.9 亿元，同比增长 7.7%，其中中小企业贷款同比增多，大中型企业的贷款同比减少。按人民币贷款企业规模分，全年大型企业贷款增加 1556.5 亿元，同比少增 682 亿元；中型企业贷款增加 44.8 亿元，同比少增 73.1 亿元；小型企业贷款增加 748.4 亿元，同比多增 249.3 亿元；微型企业贷款增加 367 亿元，同比多增 165.2 亿元。[①] 北京地区科技信贷呈现出以下特点。

1. 科技银行开拓科技信贷渠道

中小型科技企业通常具有轻资产、少抵押物、偿债能力有限、缺乏流动性的既有特点；同时，企业与金融机构间信息不对称情况严重。因而，银行业金融机构对企业业务范围、经营模式、产品特点等并不熟知，对科技企业贷款通常并没有很高的积极性。从另一个角度来说，为了控制风险与降低自身的运营成本，银行也很难向企业提供大量的贷款。鉴于此，北京市为了建设科创中心，加速科技企业的发展，必须突破现行的银行体系，其中建设专门的科技银行便是一条重要途径。

科技银行是指专门性扶持中小型科技企业发展而成立的主营中小型科技企业贷款业务的银行。其中，北京市首家定位于科技金融发展的科技银行中关村银行于 2017 年 7 月 16 日正式开业。中关村银行由用友网络、碧水源、光线传媒、东方园林等 11 家中关村知名上市公司共同发起建立。中关村银行业务重点服务于"三创"，即创客、创投与创新性企业，且最大的特色为科技金融。中关村汇聚了近 2 万家高新技术企业，全国超过 40% 的天使投资案例与投资资金以及超过 1/3 以上的创投案例均发生在中关村；此外，中关村地区

---

① 货币政策分析小组. 北京市金融运行报告［R］. 中国人民银行营业管理部，2015.

也是全国科技型上市企业最为密集的地区。值得注意的是，中关村年收入2000 万元以下的企业当年获得融资额不足融资总额的 3％，因此可以说，每一年中关村有大量企业的信贷需求无法得到满足，这更凸显了中关村银行在中小型科技企业发展过程中所扮演的重要作用。[①]

中关村是我国重要的科技创新中心。根据定位，中关村银行大楼设立于中关村园区中，主要面向科技创新型中小微企业以及个人，其通过自身的业务模式与产品创新，打造综合性的科技金融服务平台。资料显示，即使是重点科技创新中心的中关村，每年依然有 2000 亿元左右的中小企业融资缺口，一方面是"资产荒"的现状，即钱在找企业；另一方面则是"资金荒"的事实，企业在寻求资金。这也形成了现有科技金融体制的主要矛盾，可以说明，现阶段依然缺乏有效、系统、科学的科技与金融耦合发展机制，这也是中关村银行成立的重要契机。

在完善科技金融服务体系方面，中关村银行不仅为科技型中小企业提供科技贷款支持，同时也将支持企业间并购重组。通过专业性很强的金融服务，让企业做大做强，形成规模优势。此外，中关村银行也积极参与提供科技企业的融资担保、支持产权抵押、科技保险、贸易融资、投贷联动等新型金融产品，为科技型中小企业提供多元化、定制化的金融服务。

2. 知识产权质押助力科技信贷发展

长久以来，国家与地方政府都十分重视科技信贷制度的建立与发展，同时也出台了一系列促进科技信贷的相关政策与制度。2013 年 4 月，国家知识产权局、中国银监会、国家版权局联合下发了《关于商业银行知识产权质押贷款业务的指导意见》，旨在指导商业银行充分利用科技企业的相关知识产权与专利为企业提供信贷以支持企业发展。

在中央层面的大力推进与引导下，北京市于 2009 年 1 月成为首批知识产权质押融资试点。2014 年 5 月，北京市下发了《关于加快推进中关村国家自主创新示范区知识产权质押贷款工作的意见》（以下简称《意见》），以加快建立知识产权质押贷款机制，通过市场手段，促进知识产权的市场转化和金

[①] 刘天思. 全国首家专注服务科技创新的银行——中关村银行开业 [N]. 央广网，2017.

融服务创新，实现科技和金融的高效对接，支持科技创新创业企业加快发展、做强做大，优化中关村示范区创新创业环境。《意见》简要阐述了工作目标、限定了知识产权的抵押范围、政策实施原则、组织领导等。2016 年北京市政府下发了《关于进一步推动首都知识产权金融服务工作的意见》，对原有《意见》进行了扩充与完善。

作为知识产权质押的首批试点，北京市在实行知识产权质押的第一年年底，有 56 家企业累计获得知识产权质押贷款 6.78 亿元，企业从属行业涉及电子科技、生物医药、节能环保等高新技术领域，知识产权质押贷款有力地支持了这些企业的持续发展。[①]

3. "园区" 机制的科技信贷与金融服务平台

为促进科技和金融的结合，加快科技创新，北京中关村科技创业金融服务集团有限公司创立了中关村科技金融综合服务平台（以下简称中关村金融服务平台），并在 2009 年正式投入运营。中关村金融服务平台以互联网技术为基础，整合金融服务资源，为科技型中小企业提供全方位多样性的金融服务。

科技企业融资信息不对称，是科技型中小企业融资难的主要问题。中关村金融服务平台在利用互联网技术整合银行、税务、工商、科技企业等各相关人信息后，建立了信息归类和共享机制，降低信息不对称的可能。同时引入专业信用评级机构，为各个科技企业信用打分降低金融机构融资风险。

中关村高新技术企业的融资体系是基于企业信用体系建设形成的。中关村企业信用促进会成立于 2003 年，主要由中关村高新技术企业、金融中介、信用担保、金融保险等机构组成社会法人。机构的成立遵循 "以信用促进企业融资，以融资推动企业发展" 的发展战略，为中关村企业发展提供重要支持。截至 2016 年，已经有约 5000 家企业会员；促进会的建成也切实为中关村科技金融体系的构建和完善做出了重要的贡献。

---

① 李希义，朱颖. 北京市知识产权质押贷款的措施和经验［J］. 中国科技投资，2010（1）：35 - 37.

基于《中关村国家自主创新示范区科技型中小企业信用贷款扶持资金管理办法》，政府为了满足中小型科技企业发展过程中的融资问题，通常管理委员会对通过审核的企业提供一定额度的贷款支持；为企业高新技术企业提供贷款的银行一定的补偿。其中主要实施办法如下：（1）期限在3个月以上定期还本付息的企业，可享受一定比例的贷款补贴，且补贴额度与企业"星级"相关，星级越高，代表企业信用水平越好，相对的贴息比例更高。例如，一星企业的贴息比例是20%，而五星企业比例可以提升至40%，但是单个企业贴息总额不超过60万元。（2）对于贷款期限三个月以上但是利率上浮幅度不超过30%的企业，管理委员会会对合作银行提供一定的风险补贴：累计贷款总额在0.1亿～1亿元的，提供贷款额度2%的补贴；超过1亿元的则补贴3%。正是在这一信用先导机制的驱动下，中关村信贷市场发展十分迅速。①

4. 投贷联动的新模式

投贷联动作为我国科技金融发展中的"新成员"，其本质是通过股权投资与银行信贷相结合，使得进行"投贷"的商业银行能够享受由高新技术企业带来的高增长红利。其目的是通过结构化的设计，降低银行对"轻资产、少抵押"的高新技术企业的授信风险，降低企业与金融中介的信息不对称，从而使得投资的收益与风险相互匹配。

现阶段投贷联动的模式主要分为以下几种：（1）商业银行与第三方投资机构合作模式。这种模式下，商业银行通过与第三方机构签署战略合作协议，对推荐的授信客户进行调查，根据各自的流程进行决策，从而共同决定是否对企业股债权投资。（2）商业银行直接进行投资模式。这种模式起源于国家开发银行与农业发展银行。两家银行通过向中国邮政储蓄银行定向发行转型建设债券，利用所筹集的项目资金投入、股权投资与建立地方性融资基金。目前这一模式仅适用于两大政策性银行，其他银行由于政策限制并不能适用。（3）商业银行通过设立子公司进行投资。我国大部分商业银行通过设立子公司的模式，与其他商业银行进行合作开展投贷联动业务。

---

① 中关村企业信用促进会：http://www.zcpa.org.cn。

实际上，截至 2016 年，北京市辖内银行开展投贷联动业务供给 40.06 亿元，内部投贷联动贷款为 7.71 亿元，投资 0.37 亿元。外部投贷联动贷款 31.98 亿元，同比分别增长 63.42% 与 2000% 。可以说，北京通过投贷联动这一新方式，为"高精尖"企业"补气输血"。[①]

（三）风险投资

北京市一直是风险投资最活跃的区域之一。据统计，2015—2019 年，京津冀地区的投资机构发生创业投资事件 2971 起，累计投资金额 404.07 亿元人民币。2019 年度，京津冀地区的创业投资、风险投资总额及投资事件数量均有所下降，但投资量转质明显，平均单笔投资额是近五年来最高的一年，为 1531 万元人民币。2015—2019 年，京津冀地区企业获得创业投资、风险投资的企业有 1174 家，累计获投 348.66 亿元。2019 年京津冀地区的创业投资、风险投资融资总额有所下降，融资数量也有所下降，其主要原因是近年来经济由高速发展转化为稳定发展，资管环境收紧，投资也因此由量转质。京津冀地区的投资中，北京区域的投资笔数和金额占比达 93% 以上。[②]

此外，北京市风险投资具有投资领域广泛这一特点。其中，北京市在互联网、电信及增值业务、IT 等新兴高技术产业领域皆表现出明显的区位优势，处于全国领跑地位。而在相对成熟的生物技术/医疗健康、机械制造领域，投资北京市的项目则显著减少。这一情况再次从另一个角度印证了北京市作为科技创新中心和高新技术发源地的功能定位，高新技术产业发展初期，北京市凭借其地区优势，产生众多新兴技术并吸引大量风险资本，当技术和产业相对成熟，其他省市在土地资源和人力资本价格上的相对优势，将吸引相关产业外迁。北京市创投机构规模分布与资金来源构成如表 3 - 2 所示。

---

① 朱江，伍振国．去年北京市科创企业投贷联动超 40 亿元［N］．人民网，2017 - 05 - 15.

② 数据来源：2020 青岛·全球创投风险网络大会组委会：《2020 全球创投风投行业年度白皮书》，2020 年 5 月。

表 3 – 2   北京市创投机构规模分布与资金来源构成

北京市风险机构规模分布				
分布	5000 万元以下	5000 万至 1 亿元	1 亿至 2 亿元	2 亿至 5 亿元	大于 5 亿元
北京	11. 11%	33. 33%	22. 22%	22. 22%	11. 11%
北京市风险投资机构资金来源				
来源	国有独资投资机构	个人	企业	政府	其他
北京	30%	8%	51%	11%	0%

资料来源：清科数据库。

（四）天使投资

北京市天使投资机构以中关村为代表，其中，中关村 43 位企业家于 2008 年成立了中关村天使投资联盟，主要关注板块包括环保、软件、能源等高新技术集聚产业。天使投资联盟主要由决策委员会作为中枢机构，采用团体责任制。通过委员会的审核评估对初创企业进行投资，并且采用"投资 + 指导"的方式，对企业发展提供帮助。当投资金额大于一定数量时，委员会会对企业项目进行全程跟踪辅导，以确保资金的利用效率。仅 2016 年上半年，中关村地区天使投资案例高达 379 起，涉及金额高达 23. 4 亿元，占全国天使投资金额的 45% 左右。[1]

（五）政府股权投资引导基金与补贴政策

创业投资引导基金是由政府设立的一种政策性基金，按照市场化方式扶植创业投资企业的发展。2002 年，中关村管委会出资设立的"中关村创业投资引导资金"，是我国第一只由政府出资设立的具有"引导"名义的创业投资引导基金。《国家中长期科学和技术发展规划纲要（2006—2020 年)》鼓励有关部门和地方政府设立创业风险投资引导基金，引导社会资金流向创业风险投资企业，投资于种子期和起步期的创业企业。

北京市于 2008 年 7 月正式启动中小企业创业投资引导基金。目前，引导

---

[1] 清科数据库。

基金财政资金规模为9.2亿元。截至2014年年底，引导基金同国内创业投资机构共同出资设立了30家参股创投企业，协议出资总额为48.44亿元，其中引导基金协议出资额约12.25亿元，带动社会资金36.19亿元。[①]

引导基金积极引导社会资金重点投资于符合北京城市功能定位和相关产业政策、产业投资导向的创业期科技型、创新型中小企业。截至2014年年底，引导基金参股创投企业已对123家中小企业进行了股权投资，投资额超过16亿元。[②]

《中关村国家自主创新示范区创业投资风险补贴资金管理办法》指出，中关村将对符合要求的创投企业提供一定的创业补贴，且补贴额度一般为企业初始投资额度的10%左右，但是单笔额度不超过100万元。对政府引导资金参股的创业投资机构，按照社会资本在其中的持股比例享受风险补贴。补贴额度有以下规定：创投企业对于单一企业一年累计补贴额度不得超过100万元；对于同一创投企业补贴额度不得超过200万元。

2019年10月，北京市政府印发《关于新时代深化科技体制改革加快推进全国科技创新中心建设的若干政策措施》（以下简称"科创30条"）。"科创30条"明确要求：第一，要加强科技创新统筹，主动承接国家重大科技任务，完善科技创新中心建设统筹制度，创新"三城一区"管理体制机制，加大科技创新投入力度，完善科技创新决策咨询机制。第二，要深化人才体制机制改革，优化人才培养与评价机制，创新编制使用和薪酬管理机制，提高科研人员因公出国（境）和来访便利性，优化外籍人才引进及服务保障。第三，构建高精尖经济结构，促进重点产业发展，提升重点产业市场准入便利化水平，加强科技成果转化制度保障，改革科技成果转化管理机制。第四，深化科研管理改革，统筹优化科技计划（专项、基金等）布局，完善科研项目管理机制，扩大科研项目经费使用自主权，加大科研项目经费激励力度，开展科研项目经费包干制试点，完善科技创新监督检查机制，放宽科研仪器设备采购标准，鼓励科研机构机制创新。第五，要优化创新创业生态，完善

---

① 于士航. 2016年北京市科创企业投贷联动超40亿元［N］. 北京日报，2017 – 05 – 05.

② 同①.

科技型国有企业创新激励机制，完善创新创业服务机制，强化知识产权创造、保护和运用，统筹推进应用场景建设，完善创新创业金融服务，提升科研条件通关便利化水平，深化京津冀协同创新，深化京港澳科技合作，进一步提升开放合作水平。

截至 2020 年 9 月，北京市政府主导的股权投资母基金"北京科创基金"运行 2 年，总规模达 700 亿元，主要引导资金投向高端硬科技、前端创新、适合北京高精尖产业落地的孵化项目。截至 2020 年 9 月，基金在大健康、大信息领域的投资占比约为 70%。①

（六）股权众筹

作为一种互联网融资模式，众筹的起步时间较晚。其中，成立于 2001 年的 ArtistShare 被公认为是首家众筹网站。这家众筹平台主要面向艺术家及其粉丝，通过组织粉丝资助的方式资助唱片的生产工程。而目前国内较为权威的众筹网站包括人人投、爱投资、微众筹、众筹网等。以众筹网为例：众筹网成立于北京，是专业的一站式综合众筹融资服务平台，是网信集团旗下的众筹模式网站，为大众提供筹资、投资、孵化、运营一站式综合众筹服务。

众筹行业在 2015 年已经成功筹集了超过 100 亿元，实现了快速高增长。其中，股权众筹是众筹的主要形式。2015 年全国众筹平台数量达 283 家，相比 2014 年增加 99.3%；全国众筹行业共成功筹集 114.24 亿元，同比增长超 500%。② 2015 年 12 月国务院颁布了《关于进一步显著提高直接融资比重、优化金融结构的实施意见》，明确提出了股权众筹是众筹试点的一项重要工作。

（七）科技担保与保险

近年来，北京市科技金融部门以推进科创中心建设为主要契机，努力缓

---

① 孙奇茹. 北京科创基金总规模达 700 亿元［N］. 北京日报，2020－9－19.
② 孙立欣. 2015 众筹行业年报［R］. 上海：网贷之家，2016.

解中小型科技企业的融资约束问题，促进科技金融产业协同发展。北京市财政通过引入贷款贴息、担保、科技保险等方式从第三方机构层面为科技型中小企业提供融资支持，与传统科技金融耦合发展形势形成补充。

融资担保是指在银行向银行融资过程中保障银行债权的一种企业融资支持方式，其主要以信用为基础。科技的融资担保目的是改善中小型科技企业的融资环境，增强科技型中小企业的融资能力。通常根据担保机构的性质和担保目标，担保机构可以分为政策性担保机构、商业性担保机构与互助型担保机构。其中，政策性担保机构一般由政府设立，且由政府直接进行控制和管理；商业性与互助型担保机构是市场操作型，由非政府独立法人进行管理。

1. 北京市担保机构发展现状

北京市信用担保行业从 1997 年最早成立的首创投资担保公司开始，经过了萌芽期、发展期、完善期等十几年的探索，已经逐步形成了多层次、多方参与、担保品种相对丰富的担保市场。

北京市担保行业的总体规模在过去几年不断增加，总体呈现稳步上升的趋势。根据北京市担保协会工作报告，在北京市各项担保业务中，近几年业务量增幅普遍超过 30%，特别是非融资性担保有了显著提高。

2. 北京市担保机构经营现状

截至 2019 年年末，北京市融资担保机构净资产收益率为 3.16%，同比下降 1.56 个百分点；总资产利润率为 2.2%，同比下降 2.19 个百分点；资产负债率为 30.41%，同比上涨 2.41 个百分点。北京市融资担保机构整体收益情况符合融资担保机构行业特性，整体负债率一般。

截至 2019 年年末，北京市共有融资担保公司 62 家，较年初减少 5 家，其中法人机构 58 家，分支机构 4 家；注册资本总额为 594.93 亿元，较年初增加 51.2 亿元，其中注册资本 10 亿元（含）以上的 18 家，注册资本 1 亿元（含）至 10 亿元的 37 家，注册资本 2 千万元（含）至 1 亿元的 4 家；从业人员 2806 人，较年初增加 83 人；融资担保公司担保余额为 3841.72 亿元，担保余额较年初增加 105.55 亿元，其中融资担保余额 3380.39 亿元，非融资担保余额 461. 33 亿元。①

2007 年 7 月 20 日，北京市政府与科技部和中国保监会签署了"科技保险创新试点城市（区）备忘录"，北京成为全国首批五市一区的科技保险试点城市之一。科技部和中国保监会批准华泰财产保险股份有限公司、中国出口信用保险公司、中国平安保险（集团）股份有限公司和中国人民保险公司四家试点保险公司经营的高新技术企业产品研发责任险、高管和研发人员的健康保险和意外保险、出口信用保险等 22 个科技保险的试点险种。

2010 年 6 月 21 日，中国人民银行、中国银监会、中国证监会和中国保监会联合发布了《关于进一步做好中小企业金融服务工作的若干意见》，强调要为科技型中小企业创新险种，发挥科技保险的风险保障作用。2011 年，北京市发布了《关于金融支持本市中小微企业发展的若干意见》，提出发挥保险资金的融资功能、保险公司的机构投资作用以及资金融通功能，引导符合条件的保险公司参与北京市中小微企业投融资体系建设。

2012 年后，北京市加强科技保险与中关村示范区的联系。分别出台了《中关村国家自主创新示范区首台（套）重大技术装备试验、示范项目保险补贴专项资金管理办法（试行）》、《关于中关村国家自主创新示范区建设国家科技金融创新中心的意见》和《关于落实中关村国家自主创新示范区建设国家科技金融创新中心的实施方案》，针对中关村示范区中科技型中小企业各个相关方的科技保险，意在通过中关村示范区带动北京市周边的科技保险的发展。

2017 年 11 月 21 日，科技上市企业数字政通发布公告称，拟参与设立北京首家专业科技公司，公司名称暂定为"科创科技保险股份有限公司"，其注册资本为 10 亿元。实际上，相比于一般的寿险财险公司，科技保险公司的承保对象以及规范更为明确，且合法经营的高新技术企业、科研机构与院校都可以进行投保。近年来，我国的保险行业飞速发展，截至 2018 年年底，我国的保险业保费收入已经超过了 3. 5 万亿元，其中北京市占比高达 5. 7%②，此

---

① 数据来源：北京市地方金融监督管理局：《北京市融资性担保行业 2019 年度发展与监管情况信息》，2020 - 4 - 16。

② CSMAR 数据库。

外，科创科技保险有限公司将采用先进的云计算、移动互联网、大数据以及物联网等高新技术，实现产业融合，为保险公司提供众多满足产品需求的服务，充实需求来源，实现优势互补，资源共享。

（八）多层次资本市场

在科技企业进入成熟阶段之后，企业风险基本变得可控，股权融资与银行贷款逐渐成为企业发展的主要资金来源。资本市场是天使投资、风险投资退出机制的重要载体，因而推动企业上市是推动科技型中小企业持续发展的重要环节。

截至 2020 年 9 月，北京已有 32 家科创板上市企业，位居全国前列，其中，31 家企业来自中关村，拥有百亿元市值以上企业 11 家（金山办公已突破 1500 亿元市值）。从行业分布来看，这些企业中约 50% 为新一代信息技术行业，其次分别为高端装备、生物医药、新材料、新能源、节能环保等行业，优势产业集中度高，产业集群效应显著。①

目前，我国科技资本市场主要由主板、创业板与中小板市场、股权交易托管中心、产权交易中心等组成。由于主板上市的要求相对较高，因此我们这里着重介绍以创业板市场为代表的能够适应中小企业发展不同阶段的资本市场。

1. 创业板市场

创业板市场是指专门协助高增长企业特别是高新技术企业进行筹资和资本动作的市场，也被称为二板市场、增长型市场等。目前，国际上比较著名的创业板包括美国的纳斯达克、中国香港证券交易所创业板、韩国科斯达克以及英国 AIM。我国的深圳证券交易所也设立了创业板，且已经成为创新型企业借力资本市场、促进自身发展的重要平台。

截至 2016 年 10 月 31 日，创业板共有 690 家上市企业，占上市公司总数的 20%，其中 638 家拥有高新技术企业资格，600 家拥有核心专利技术，252 家拥有国家火炬计划项目，83 家拥有国家 863 计划项目，60 家为国家

---

① 资料来源：孙奇茹. 北京科创基金总规模达 700 亿元 [N]. 北京日报，2020 - 9 - 19.

创新试点企业，总市值达 5.5 亿元，占 A 股总市值的 9.5%。以 2009 年为创业板基年计算，创业板规模年复合增长率达 23%，年利润复合增长率达 15%。①

2. 北京四板市场

北京四板市场，即中关村股权交易中心，成立于 2013 年 12 月 28 日，是北京市政府为了加强建设北京市区域股权交易市场，健全国家多层次资本市场体系建设的重要组成部分。其在促进首都区域经济发展的同时，以市场化的手段进一步配置创新资源。作为以创新性为导向的国有企业，中关村股权交易中心以健全完善多层次资本市场为主线，以促进中小微企业发展为目标，以构建创业创新综合金融服务体系为抓手，充分融合国有资本的支撑放大作用和中关村先行先试的引领加速功能，充分打造中关村股权交易中心的权益交易、登记托管、资产管理、股权投资、资本市场培训等核心服务体系，以发展多层次资本市场的塔基功能，其具体业务如表 3-3 所示。

表 3-3　　　　　　　　　中关村股权交易中心具体业务

业务名称	业务概述
权益交易	面向首都双创企业，通过设置标准板、科技创新板、大学生创业板、孵化板等挂牌体系，打造集培训、咨询、路演、融资、转板等于一体的综合性服务体系
登记结算	面向非上市企业股权、债权及其他各类私募金融产品；通过开展权益登记、股权管理、资金结算、财富管理、工商代办等综合服务，打造首都最具公信力的私募金融产品基础设施提供商
资产管理	以私募债券基金为载体，资产配置灵活多样，涉及货币工具、债券工具、另类投资及海外资产等多个维度。对外配合市场运行及中小微企业需求，充分发挥降低企业融资成本、疏通经济发展"血脉"的功能作用；对内充分发挥资产管理与协同创新的功能定位，努力将平台打造成为耦合集团各功能板块、提升整体收益的创新中心和利润中心
股权交易	以私募股权基金为载体，聚焦科技创新、文化创意、健康医疗、国企混改、互联网等新兴领域，通过投资引导，以输血促造血，以规范促发展，努力打造伴随企业早期成长周期的全产业链、完备的投资配套体系

---

① Wind 资讯。

业务名称	业务概述
资本市场培训	面向主板、创业板、新三板及四板等企业资源，充分发挥"多层次资本市场＋企业教育＋互联网"的基因优势，联合政府、高校、资本市场中介机构、风险投资机构及创新型孵化器等，为企业提供培训、咨询、路演、挂牌仪式、科技媒体、财经公关等一站式综合性服务，努力打造全国领先的中小企业创新服务平台

3. 涉及资本市场的相关配套政策

此外，国家也一直鼓励企业依托资本市场促进企业发展，除了上述涉及部分，还包括政府对于上市企业的政策补贴。依据《中关村国家自主创新示范区支持企业改制上市资助资金管理办法》，中关村将对企业的境内外上市提供优惠政策，包括：向获得《中国证监会行政许可申请受理通知书》的上市企业提供 50 万元资助；对境外成功上市企业同理。中关村分别与纽交所、纳斯达克、中国港交所和德意志交易所签署战略合作协议；根据《中关村国家自主创新示范区支持企业改制上市资助资金管理办法》中的相关规定，对于参与转让挂牌系统的企业给予 60 万元的补助；对于主板股份转让的券商，依据取得《中国证券业协会挂牌报价文件备案确认函》，给予 20 万元补贴。

除了资金资助以外，中关村联合证券业协会、深交所、相关券商建立社会化的企业培育工作体系，每年对超过 600 多家企业进行培训，推动企业进入代办系统挂牌。同时，中关村还建立了代办股份转让试点金融服务联盟，进一步推动代办股份转让业务的发展。截至 2017 年年初，已经有超过 300 家中关村企业在境内外上市，总市值已经超过了 1700 亿元。①

同时，《中关村国家自主创新示范区发展规划纲要（2011—2020 年)》还强调：实施中关村并购重组计划，将有条件的企业通过这一途径做大做强。现阶段中关村与相关部门合作，构建企业、监管部门、金融机构的多方服务平台，支持企业通过并购重组加快企业发展，提升企业实力。近年来，中关村企业并购重组业务相对活跃，截至 2015 年，中关村发起并购交易 487 起，

---

① 中关村科技园区管理委员会。

同比翻番；同时披露金额高达 1862 亿元，同比增长 42.8%，并购案例数和并购金额分别约是 2010 年的 11 倍和 32 倍。

【案例】中关村国家自主创新示范区发展模式

为了解决中小企业融资难的问题，响应政府建立具有全国影响力的科技金融中心的要求，打造属于中关村独特的科技创新品牌，北京市于 2009 年创立了中国第一个高科技园区——中关村国家自主创新示范区。

中关村示范区具有得天独厚的地理位置，科技创新丰富的北京历史，多样的科技资源，先进的创业成果，已经在近几年的发展中成为中国科技创新的"领头羊"，在聚集科技金融资源，完善技术和资本高效对接的机制、科技金融政策先行等方面取得重大成果。中关村示范区在全国率先设立创业投资引导基金、出台创业投资企业补贴政策、成立创业投资促进工作平台，搭建科技型中小企业的贷款担保平台、设立担保贷款绿色通道等一系列科技金融创新工程。种种尝试不仅进一步完善了政府资金、民间资金同金融机构和科技型中小企业的结合，也为全国其他地区的科技金融发展起到了示范性作用。

三、上海科技金融实践

坐落于长江三角洲的上海，凭借地理优势，成为国际、金融、贸易和航运中心。资源的聚集吸引了来自全球的商业、科技方面的资源，研发人才和管理人才也随着国际公司的进驻相继涌入。全球创新投资机构（Sappin Global Strategies）发布的全球具有发明力城市排名（2014 年）上海排在第 15 位。该排名对教育基础、投资环境、创新影响力、创业环境、高质量工作和专利进行了评分，在几项指标中，上海在投资环境和创业环境方面得分最高，创业环境超过了伦敦和波士顿，仅次于硅谷、纽约和深圳，投资环境方面也超过了伦敦和斯德哥尔摩等工业成熟的城市。

截至 2018 年 5 月底，跨国公司在沪设立研发中心 431 家，占全国的 1/4，来自世界 500 强企业的研发中心占全国的 1/3，上述两比例均为全国最高。在研发投入强度最大的 100 个城市的排名表上，上海仅次于东京和硅谷。

（一）政策规划

1. 以市场化为导向制定科技创新战略

2011 年，中国保监会、中国银监会、中国证监会、中国人民银行联合下发了《关于确定首批开展促进科技和金融结合试点地区的通知》，将上海列入其中。同年 12 月，上海市出台了《关于推动科技金融服务创新，促进科技企业发展的实施意见》，提出了科技金融发展的目标任务：立足国家科技创新发展战略，面向战略性新兴产业发展和高新技术产业化，依托上海国际金融中心建设优势，抓住建设张江国家自主创新示范区的契机，以市场化为导向，以体制机制改革为动力，力争通过 3 年左右的创新试点，建立健全与上海科技企业和高新技术产业化发展相适应的科技金融服务体系与政策环境，丰富业务产品体系，拓宽科技产业化投融资渠道，切实解决当前科技企业创新发展的融资"瓶颈"，促进上海科技与金融融合发展，初步把上海建成全国科技金融服务中心，发挥上海在我国科技金融服务体系建设中的示范引领作用。

意见提出了以下九点建议：完善科技企业信贷服务体系；建立健全科技型中小企业信贷风险分担机制；加大科技融资担保支持力度；扩大科技企业直接融资；积极发展"天使投资"和风险投资；加大科技金融服务的创新力度；健全科技与金融相结合的服务平台；完善科技金融信用服务体系；加强科技金融服务的组织协调。这一实施意见的出台为自贸区和杨浦、张江等高新技术区的协调发展指明了方向，鼓励了科技成果和中介信息服务平台的结合以及金融机构和科创企业的合作，作为一个总的战略方针构筑了上海市科技金融发展的未来结构。

一直以来，上海市科技创新体系都是以多主线为模式：由科委、教委、中科院、企业自主等系列多主线的模式使得各部门缺乏交流，难以实现高效的资源聚集效应，同时，上海市"科教兴市"以来一直强调政府的主导作用，科技创新的项目确认、组织协调等一直由政府安排，使得科技创新体系缺乏主动性和风险意识，在此基础上，上海市以市场化为导向的战略方向尤为重要。

在高校、科研院所方面。上海在创新科技的主体资源优势上一直落后于北京，2017 年北京的两院院士人数和"千人计划"人数分别为上海的 4.2 倍和 1.5 倍；同时期的国家重点实验室和国家工程实验室也远低于北京的数量。针对上海的这一弱点，科技金融信息服务平台于 2015 年 9 月 28 日发布了《市财政局等关于改革和完善本市高等院校、科研院所职务科技成果管理制度的若干意见》，除了加大支持高等院校和科研院所科技成果转化的中间环节，完善科技成果的管理，还有更为实际的意见：对上海市高等院校、科研院所科技成果转化所获得的收益，全部留归单位，纳入单位预算，实行统一管理，不再上缴国库；实施科技成果转化"投资损失"免责政策，消除单位和科研人员的后顾之忧；上海市高等院校、科研院所可自主决定采用科技成果转让、许可、作价入股等方式开展科技成果转移转化活动，涉及的科技成果使用和处置，行政主管部门和财政部门不再审批。三条极富实践意义的意见，针对行政管理部门的放权管理和科技成果转化利益的归属关系变革，提升了上海科研各部门的积极性和自由度，形成激励示范，促进了科研机构的发展，奠定了走向市场化的一步。

2. "4 + 1 + 1"的科技金融服务体系

上海如今已经正在形成"4 + 1 + 1"的科技金融服务体系。"4 + 1 + 1"即四个中心（经济中心、金融中心、贸易中心、航运中心），自贸区建设和全球科技创新中心建设。2011 年 12 月，国家发展改革委发布了《"十二五"时期上海国际金融中心建设规划》，提出到 2015 年"基本确立上海的全球性人民币产品创新、交易、定价和清算中心地位"。在大的金融环境上，上海有以下四个优势：（1）上游已经形成了包括股票、债券、货币、外汇、OTC衍生品等在内的全国性金融市场体系，是国际上少数市场层级完备的国际性金融中心；（2）上海的 PE、VC 等新型金融机构增长迅速，截至 2015 年，在沪金融机构超过 1400 家，2014 年，金砖国家开发银行总部确定在上海落户，成为首个总部设在上海的国际金融组织；（3）在沪各类外资金融机构总数超过 400 家，占上海金融机构总数的 30% 以上，其中总部设在上海的外资法人银行占全国一半以上，金融市场的国际化程度为全国最高；（4）自由贸易区的建设目标是成为具有国际水准的投资贸易便利、货币兑换自由、监管高效便捷、法治环境规范的自由贸易园区，"一行三会"发布了51项金融支持自贸区建设的政策措施，并且在2014年启动了黄金国际板的交易；同年入驻自贸区的持牌金融机构数量达到116家，自贸区的建设在各方面取得了良好的进展。政策导向与地区优势的结合，为上海科技金融发展起到了重要的推动作用。2012年，上海浦东发展银行与美国硅谷银行展开合作，建立浦发硅谷银行，旨在支持和满足科技型企业的融资需求。同时，大量商业银行专门设立了科技贷款融资专营部门，打造专门为科技金融行业服务的专业性网点。除了传统商业银行对于科技金融发展的支持之外，大量小额贷款公司的出现也为科技金融发展助力不少。

截至2018年上半年，上海市小额贷款公司共有127家，同比增长3.25%，贷款余额为223.37亿元，同比增长2%；2010年4月，境外投资者参与境内人民币股权投资基金设立开始进行试点，上海创投市场中的300多家创投公司为初创公司提供了直接融资的帮助。另外，上海的各级科技部门还与金融机构合作推出信用保证类产品，上海市科委拟建立10亿元规模的科技型中小企业履约保险贷款，受惠范围超过500家企业。①

在综合科技金融服务平台层面，上海市科技金融信息服务平台为科技型中小企业提供多样化的贷款服务，主要包括科技微贷通贷款、科技履约贷款、科技创投贷贷款、科技小巨人贷款、保费补贴等，部分产品情况如表3-4所示。

表3-4　　　　　　　　上海市部分科技贷款产品

贷款名称	服务机构	贷款内容
科技微贷通贷款	上海市科委与金融机构	它通过企业购买履约保险方式，主要为无资产抵押的科技小微企业解决贷款难问题
科技履约贷款	上海市科委与金融机构	它通过企业购买履约保险方式，主要为无抵押轻资产的科技中小企业解决贷款难问题。企业按时还本付息后，可享受保费（担保费）50%的财政专项补贴

① 中商产业研究院大数据库。

贷款名称	服务机构	贷款内容
科技创投贷贷款	上海市发展改革委与上海科创中心等机构	贷款对象为上海市创业投资引导基金、上海市天使投资引导基金投资的子基金所参股投资的科技型中小微企业
科技小巨人贷款	上海市科技创业中心与浦发银行	企业通过浦发银行信用评级达到 A－或以上等条件的，可获得银行信用贷款，最高额度不超过 3000 万元
保费补贴	上海市科委	凡获得科技履约贷款和微贷通贷款的企业，在还本付息后一年内，可申请享受已缴纳保费 50% 的补贴

资料来源：上海科技金融服务平台：http：//www.shkjjr.cn/。

（二）风险投资

2016 年，上海市科技创新创业服务站工作会议上提到，本年上海的科技创新创业工作将着力推动"大众创业、万众创新"，让更多的投资机构、创业服务机构愿意扎根上海，形成敢于冒险、宽容失败的创新创业生态系统。而这样一种宽容失败的精神，也正是对美国硅谷"敢于冒险，宽容失败"精神的一种呼应。从 2009 年开始，上海市众创空间开始不断增长，2015—2016 年更是呈现井喷之势，两年间成立的众创空间占比近 50%。截至 2017 年，科技企业孵化器数量达到 183 家，众创空间入库数量达到 198 家。[1] 2016 年，上海市科技创新服务站对于科技投资与科技贷款客户还将继续提供股权融资和改制上市服务，已促成 15 家企业和投资机构对接。

创投环境不断完善，高新技术不断发展的成果，这不仅归功于间接融资市场的不断发展，直接融资市场也功不可没。成立于 2011 年的上海国际创业投资有限公司在科技金融直接投资发展过程中扮演着十分重要的角色：通过与大量商业银行建立合作协同关系，利用"投贷＋投保"的方式，为上海张江高科技园区、杨浦科技园区等园区的各类科技型企业提供资金支持。不仅如此，上海国际股权投资基金协会于 2011 年 12 月建立了规模为 30 亿元的上

---

[1]　胡润百富，上海市科委．2018 年上海众创空间发展白皮书［R］．上海：胡润百富，2018.10.

海股权投资发展基金。为了拓展多层次的融资渠道，早在 2010 年，境外投资者参与境内人民币股权投资基金已经开始试点。除此之外，上海对于大学生科技创业也给予相当有力的资金支持。

（三）科技担保与保险

为了分散科技贷款可能带来的风险，2010 年，上海科技委与金融办联合设立了"上海市科技型中小企业履约保证保险贷款"三个银行试点，银行主要包括中国银行上海市分行、浦发银行上海分行与上海银行。其中，上海市科委对每家试点银行都提供 100 万元的风险补偿准备金；每家银行则提供 5000 万元的贷款额度，且太平洋保险公司则为部分贷款提供保险。若发生坏账，贷款无法偿还的情况，则保险公司承担贷款的 45%，银行承担 30%，而准备金补偿剩下的 25%。

此外，上海合作金融平台还推出了各类保证贷款产品：浦东新区牵头试点科技型中小企业短期贷款偿债保险、科技小巨人信用贷、科技微贷通等。同时，上海市各级政府也积极筹备建设区域性融资担保平台。例如，浦东新区通过财政划拨成立的上海市浦东新区中小企业贷款信用担保中心，担保中心的起始资金规模为 1.2 亿元。同时，政府也为企业贷款提供担保与财政补偿：在商业银行承担了部分产生的不良贷款后，各级政策可补贴不良贷款 50% 左右的风险，上限可达 60%。2016 年 3 月，太平洋保险联合张江高科技园区开发公司，推出了真正意义上的"创业保障保险"——"科创 E 报"，利用金融手段为初创企业发展保驾护航。

（四）多层次资本市场

在丰富多层次的金融服务体系与服务平台过程中，推进科技企业通过资本市场融资，促进中小型科技企业在资本市场上市也是多层次市场中非常重要的一环。根据 2016 年上海市政府颁布的《本市鼓励中小企业开展股权托管交易有关财政专项扶持办法》与《关于推进本市中小企业上市工作的实施意见》，各级政府会给予挂牌上市企业一定的补贴资助。以浦东新区为例，区政府将会为在上海市证监局上市辅导备案的企业提供 30 万元补助；对收到受理函的企业提供 70 万元补助；对于审核后企业给予 50 万元补助等。[①]

早在 2007 年，中国证监会就向国务院提交了《多层次资本市场建设方案》，其中将中国的资本市场分为三层，概括起来就是：主板市场、创业板市场与场外交易市场。其中场外交易市场（OTC 市场）主要服务于那些有资金需求、符合一定条件但是无法在创业板上市的中小型企业，特别是科技企业。2012 年，证监会出台了《关于规范证券公司参与区域性股权交易市场的指导意见》，批准成立了上海股权托管交易中心（以下简称上海股交中心）。

作为一个场外交易市场，上海股交中心主要有以下三个职能：（1）解决中小企业融资难问题；（2）培育公司；（3）金融创新。到 2015 年，上海股交中心公司挂牌数量为 7711 家，且市场企业整体营业收入增长率为 150.82%，净利润增长率达 40% 左右。2016 年年末，公司挂牌数量进一步上升至 9666 家，市值达 471.53 亿元，已累计成交 44.89 亿股，累计交易金额为 73 亿元。上海股交中心的组织结构如图 3-2 所示。

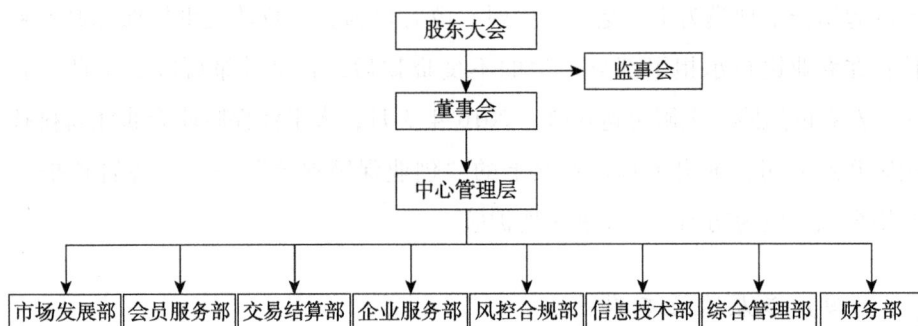

图 3-2 上海股权交易中心组织结构

（资料来源：上海股权交易中心：http://www.china-see.com）

---

① 《浦东新区促进金融业发展财政扶持办法实施细则》（2016 年）。

【案例】张江国际科学城发展模式

张江国际科学城位于浦东新区的中心位置，范围为罗山路以东、龙东大道以南、外环高速以西、下盐公路以北。张江国际科学城规划面积94平方千米，主要包括张江高科技园区、康桥工业园、国际医学园区三大园区。同时为加强与龙阳枢纽、国际旅游度假区等周边地区的协调与联动发展，外扩形成衔接范围，总面积达191平方千米。

张江高科作为张江园区的开发商，最被人津津乐道的是张江高科集园区集开发商、服务商和投资商于一体，是引领国内园区平台公司发展的代表。在我们看来，张江国际科学城的开发模式主要有以下四个层面的转型。

1. 园区大房东转型高科技发展合伙人

自2015年开始运作众创平台"895营"。该众创平台更多强调以"投资+"的孵化理念，以"虚拟+实体"的孵化形式，通过帮助企业匹配与其相适应的创业陪练、天使投资、投贷联动金融服务、对接企业上市的多层次资本市场通道、人才服务、宣传推广、市场拓展等各类资源，为创新创业企业提供全周期、全方位的集成服务。

2. 房地产公司转型高科技投资公司

张江高科逐步转变公司单一的房地产主营业务架构，着力加大高科技投资功能拓展的力度，如参与专业基金间接投资，或直接投资高科技新兴项目。瞄准新兴金融业态和战略新兴产业，投资上海金融发展投资基金和上海市科技创新股权投资基金等。同时瞄准上海领先于全国的集成电路产业链，投资由该领域领军人物操盘的"武岳峰基金"。

3. 园区开发商转型创新创业服务平台

明确了以市场化运作、实现张江科技城目标的重要功能平台定位，并在其发挥园区功能平台作用上给予配套支持。为进一步支撑作为"园区平台"的定位，强化投资服务功能；强化融资服务功能；强化产业服务功能；强化创新创业服务功能。

4. 从固守"小张江"发展为带动"大张江"

"张江高科"正努力成为高科技投资的"野战军"，从建设"小张江"

走向引领"大张江"，在大张江范围内建设"品牌连锁"，完成在大张江的整体布局，引领大张江"一区 23 园"从传统工业园区向科创中心承载区转型。

从产业路径看，张江国际科学城已不折不扣地成为上海科创经济的引领者。除了广泛的前沿科技探索，目前的张江国际科学城主要聚焦"3 + 3"重点产业，即信息技术、生物医药、文化创意三大主导产业，以及人工智能、航空航天配套、低碳环保三大新兴产业。

而推动这些新经济产业发展的就是一个个专业园区，张江科学城核心区基本是由一个个专业园区组团构成的，而上海国际医学园区本身就是一个大型专业园区。这些专业园区都蕴含着巨大的能量，对于长三角区域的其他园区来说，既是相互学习借鉴的对象，更是产业资源对接的平台。

四、深圳科技金融实践

深圳市依托珠江三角洲经济区和香港特别行政区这一亚洲金融中心，地理区位优势与上海相当，但是金融机构分支机构数量较多，密度居全国之首。其中，深圳高新技术园区除了是我国"建设世界一流高科技园区"的六家试点园区之一之外，还掌握着香港特别行政区的优秀国际金融资源。截至 2016 年，深圳已完成股份制改造的企业逾 400 家，境内外已上市企业逾 300 家，首发募集资金约 2834 亿元。其中，中小板和创业板公司分别有 83 家、48 家，总计 131 家排在国内大中城市第一位。在上市后备梯队方面，深圳市有 14 家企业已通过证监会发行审核，等待挂牌上市；68 家企业已向证监会递交股票发行申请文件；65 家企业已在深圳证监局辅导备案；341 家企业处于改制期或已完成改制尚未辅导。此外，在新三板层面，截至 2017 年 10 月 17 日，全国新三板挂牌企业 11615 家，深圳挂牌企业 794 家，排在北京和上海之后，位居第三。[①] 深圳作为我国的创新试点中心，其金融创新活力蓬勃，这使得科技与金融的耦合发展树苗在深圳这片生机勃勃的土壤中能够更加茁壮地成长。

---

① 李曼宁. 深圳全方位扶持企业 IPO 境内外上市逾 300 家 [N]. 证券时报，2016 - 05 - 13.

（一）政策规划

深圳作为我国高科技产业发展的先驱，早在 2006 年已经开始探索科技与金融结合创新的发展模式。为了能够促进地区经济、深化地区发展，推动科技创新在经济发展中的驱动力，深圳市政府已经出台了一系列科技金融相关政策，形成了一套完整的政策体系，服务科技金融发展（见表 3 - 5）。

深圳市政府对于科技企业的扶持政策囊括企业发展的方方面面。2012 年，市政府发布了《关于促进科技和金融结合的若干措施》，强调发挥金融机构的间接融资主渠道作用，拓展科技型企业的直接融资渠道，要求加大对高新技术企业的信贷支持力度。为进一步支持科技和科技金融的协同发展战略，广东省专门设立产业技术创新与科技金融结合专项资金，由省级财政预算安排专项用于引导科技创新的资金。资金重点用于调动信贷机构扩大科技型中小企业信贷规模和信贷额度。2013 年，深圳市通过实施银政企合作梯级贴息资助，撬动银行业资源，主要举措如表 3 - 5 所示。

表 3 - 5　　　　　　　　　深圳科技创新政策法规（部分）

政策分类	发文日期	部分政策
深圳市委市政府文件	2004 年 1 月	《关于完善区域创新体系推动高新技术产业持续快速发展的决定》
	2006 年 1 月	《关于实施自主创新战略建设国家创新型城市的决定》
	2008 年 6 月	《关于坚持改革开放推动科学发展努力建设中国特色社会主义示范市的若干意见》
	2012 年 11 月	《关于努力建设国家自主创新示范区实现创新驱动发展的决定》
	2016 年 3 月	《关于支持企业提升竞争力的若干措施》
	2016 年 3 月	《关于促进科技创新的若干措施》
	2016 年 3 月	《关于促进人才优先发展的若干措施》
地方性法规	2006 年 10 月	《深圳经济特区高新技术产业园区条例》
	2010 年 12 月	《深圳经济特区加快经济发展方式转变促进条例》
	2013 年 8 月	《深圳经济特区技术转移条例》
	2014 年 1 月	《深圳经济特区科技创新促进条例》
深圳市规范性法规	2015 年 8 月	《深圳市"互联网 +"行动计划》
	2016 年 10 月	《深圳市促进科技成果转移转化实施方案》
	2016 年 11 月	《深圳市科学技术奖励办法》

政策分类	发文日期	部分政策
深圳市科技创新委员会	2013 年 11 月	《深圳市科技研发资金投入方式改革方案》
	2015 年 5 月	《深圳市科技创新券实施办法（试行）》
	2017 年 5 月	《深圳市促进重大科研基础设施和大型科学仪器共享管理暂行办法实施细则》

资料来源：深圳科技创新委员会（www. szsti. gov. cn）整理。

在促进科技信贷创新融资模式方面，2012 年深圳市出台了《深圳市促进知识产权质押融资若干措施》，对知识产权质押融资进行操作指南、风险控制、信贷容忍度、授信评级、授信管理、担保和再担保等方面的指导实施。

《关于支持企业提升竞争力的若干措施》则指出，为了提升企业的竞争力，让企业做大做强，深圳市政府对首次进入世界 500 强的企业给予 3000 万元的奖励，对于首次入选"中国 500 强"的企业则给予 1000 万元的奖励；设立规模为 1500 亿元的混合并购基金等。基于经济开发区角度，以《深圳市促进科技成果转移转化实施方案》为例，方案基于推动科技成果信息汇交与发布、促进产学研协同开展科技成果转移转化、建设科技成果中试与产业化载体、增强科技成果转移转化市场化服务功能四个层面，营造系统化、便利化的技术转化过程。同时，深圳市政府也注重尖端人才的培养与引进，根据《关于促进人才优先发展的若干措施》相关规定，深圳市将继续深化拓展"孔雀计划"：计划中将人力资源分为 A、B、C 类人才，对不同种类的人才进行不同程度的奖励补贴；对于符合条件的、从事前沿研究的高层次人才，给予相对稳定的经费支持，对于基础前沿类项目再提供若干周期的资金支持；大力培养与引进紧缺型人才、强化博士后"人才战略储备库"的功能、加快培养与引进国际型人才、努力建设高水平院校与高水平学科等。政策措施营造了深圳尊重人才的社会环境，增强了深圳市的人才集聚效应，也为深圳市的科技金融发展奠定了良好的政策法律环境（见表 3 - 6）。

表 3 - 6　　　　改革方案吸引社会资本具体方式

撬动银行资源	实施银政企合作梯级贴息资助：市政府每年安排 4 亿元委托贷款本金，委托银行以 6 ~ 10 倍的资金转贷给企业；每年安排 800 万元作为合作银行风险准备金；每年安排 4200 万元给接收转贷的企业贴息

续表

撬动保险业资源	市财政每年安排 1000 万元对已投保高技术保险的科技企业保费资助
撬动社会创投资本	实施天使投资引导项目资助，每年安排 1000 万元对市政府创业投资引导基金参股设立、以深圳战略性新兴产业早期项目为主要投资对象的天使基金
撬动股权基金	试行股权有偿资助

资料来源：根据《深圳市科技研发资金投入方式改革方案》整理。

（二）科技信贷

深圳市金融行业比较发达，其拥有近百家银行类金融机构。随着深圳金融的不断发展，为了改善中小企业发展中的融资约束问题，深圳市商业银行不断推出创新性的金融产品与契合程度较高的金融服务。截至 2018 年 9 月末，深圳市银行资产总额为 8.18 万亿元，相对于 2010 年年末的 3.48 万亿元，增长了 135.1%；不良贷款率为 1.38%，相对于 2010 年年末下降了 0.11%。[1]不仅如此，截至 2017 年，深圳市小微企业贷款余额为 8131.86 亿元，较 2017 年年初增长 25.71%，增速高于其他行业贷款；中小企业获得贷款率同比上升 3.78%。

为了促进科技金融产业的协同发展，深圳市主要从以下几个方面入手：

首先，设立科技银行等科技金融专营机构。截至 2014 年，深圳已经有 45 家商业银行或金融机构设立了科技金融相关业务处室，其中：中国建设银行深圳分行联合深圳市科技创新委员会联合成立了 Z2Z 科技银行联盟；民生银行通过打造微贷直营团队，明确了 6 家小微企业金融支行。

其次，深圳市银行业努力推进投贷联动机制。中国工商银行深圳市分行以股权质押、PE 保证等方式，推出投贷联动业务，向中小型科技企业提供贷款与授信；民生银行则利用创投机构集聚平台优势，在对创投机构进行全面评估的基础上，以持有科技上市企业的股权质押提供综合授信，提高了创投机构的杠杆率；浦发银行则主要整合创投基金、天使投资等不同投资形式的投资优势，充分挖掘初创企业的自身价值，对接配套的股权项目，为知识产权质押融资、人才贷款等提供全方位的金融支持。不仅如此，银行为科技信

---

[1]　中国银行业监督管理委员会深圳管理局：http://www.cbrc.gov.cn/shenzhen。

贷提供创新的担保方式，例如，交通银行深圳分行通过与不同科技产业协会建立紧密联系，通过产业协会向银行推荐客户，或者由产业协会、企业与银行三方联合设立担保公司，为中小型科技企业提供担保。

同时，深圳市银行业通过改善金融服务模式，增大企业的信贷支持。2014年，深圳市银监局提出动态提高小微不良贷款的容忍度、推动建立从业人员尽职免责制度等若干项举措，解决银行对中小企业贷款项目的顾虑；中国银行深圳市支行为中小企业提供"新三板上市交易"服务，为深圳4000多家中小型科技企业提供综合性金融服务。

（三）风险投资

经多年培育，深圳拥有一支庞大的"创投军团"，截至2017年，深圳已有的创投机构达到5200多家，累计管理创业资本近1.5万亿元，累计投资项目7000多个，累计投资总额3000多亿元，其中40%投资于深圳地区；创业板上市公司中，有深圳创投背景的企业占1/3以上。[①]

深圳"创投军团"的兴起，有赖于深圳市政府"真金白银"的直接资助。作为深圳最大规模的政府扶持资金，深圳市创业投资引导基金成立于2009年，2015年8月，政府将引导基金的远期规模设定为1000亿元，并成立了专门的引导基金公司。截至2017年10月底，该引导基金累计评审通过101只子基金，承诺出资587亿元。其中，子基金投资项目累计达到681个，投资规模达到428.57亿元，投资领域涵盖信息科技、生物科技、健康和新能源等高新技术产业。

（四）科技担保与保险

为了促进中小型科技企业发展，构建完整的企业融资担保体系，深圳市人民政府于1999年批准设立深圳市中小企业信用担保中心，现已改为深圳市中小企业信用融资担保集团，注册资本为18亿元。截至2017年6月，在深圳市中小企业信用融资担保集团的培育与扶持下，其客户中已有200家企业成

---

① 清科数据库。

功挂牌上市（包括新三板），行业覆盖智能制造、信息技术、新能源、医疗健康与新消费等，且资金全部投向实体产业。①

保险业的发展在发展科技金融产业过程中同样起到举足轻重的作用。截至 2018 年 6 月，深圳保险机构累计 25 家，数量位居全国第三，资产总额达到 4.24 万亿元，位居全国第二。② 深圳市保险业在服务实体部门的方面，兼顾社会发展的大局，不断拓宽保险业服务领域，大力支持中小企业发展，累计为 6.14 万家中小企业提供了 27.3 亿元贷款资金的保险支持。在科技保险方面，深圳市从 2013 年开始计划每年从科技研发资金中安排 1000 万元以投保高新技术产业与战略性新兴技术产业等。截至 2015 年初，已经有超过 20 家企业先后获批了申请资助。保险企业也逐渐成立专属部门支持科技保险分支的拓宽与发展：2016 年中旬，由中国太平保险集团参与发起设立的全国首家科技保险公司——太平科技保险股份有限公司，获得中国保监会批准筹建。

（五）多层次资本市场

上交所与深交所为我国两大证券交易所，截至 2017 年 10 月 18 日，深圳市 A 股上市企业数量为 267 家，其中主板企业 58 家，中小板企业 109 家，创业板 80 家③，且在创业板上市的大部分企业为科技公司。

为了促进多层次资本市场的发展，深圳市协同建立了区域性非公开科技企业柜台交易市场（以下简称深柜市场），首批企业与项目数量为 72 家（项）。深柜市场与主板等各层次资本市场协同发展，其主要集中深圳市及珠三角区域内地区的优质中小企业资源，通过项目孵化、挂牌展示、路演推介、规范改制、私募融资、治理督导，为公开资本市场培育、输送优质上市企业资源；同时市场集聚了天使投资、风险投资、创业投资、私募股权投资等各类投资者。

深圳联合产权交易所则整合了几家产权交易机构，其前身是成立于 1993

---

① 深圳市中小企业信用融资担保集团（www.szcgc.com）。
② 田夫. 深圳共有保险法人机构 25 家总资产达 4.24 万亿元［N］. 金融界，2018 - 10 - 10.
③ Wind 资讯。

年的深圳市产权交易中心与成立于 2000 年的深圳国际高新技术产权交易所。可以说深圳已经形成了包括中小板、创业板、新三板、柜台交易、技术产权交易、技术市场等多层次的资本市场体系。此外，为了争取深圳市成为高新区扩大试点，深圳市政府出台了针对新三板的资助政策。对于进入股转系统的高新区非上市股份有限公司改制提供最高 30 万元的补助，挂牌则最高补贴 150 万元。截至 2018 年 8 月 31 日，深圳在新三板挂牌的企业数量已经达到 685 家，在全国所有城市中排名第三。

【案例】 南山科技金融城模式

从大冲旧村到产业新城，将智慧、创新、资源融为一体，12 年时间，深圳南山科技金融城在不断的探索中前行。2019 年 6 月，由南山区委、区政府与华润置地联合主办的南山科技金融城全面落成活动在万象天地剧场举行。南山科技金融城由南山区人民政府携手华润置地打造，是深圳市产城融合示范项目，其中写字楼群落总建筑面积约 37.5 万平方米，包括华润置地大厦 A、B、C、D 座，南山金融大厦和北京银行大厦共 6 栋高端写字楼。①

南山科技金融城将以金融类企业为核心，聚集 "产、学、研、投、创" 全链条产业资源，连接金融与科技，实现全面产业融合。并通过人才培养、投资平台、创新加速平台、运营服务几大维度的建设，打造科技金融发展典范。未来，南山科技金融城将不断地丰富和完善科技金融相关配套和运营服务，创造出南山区经济全新增长极，为粤港澳大湾区建设注入更多活力。

南山科技金融城预期为英国和深圳市政府及企业搭建一个深入合作的平台，并为全球科技金融的优秀企业和人才创造更多机会，进一步加强双边合作，实现共赢。南山科技金融城的全面落成，是政企合作推动 "科技＋金融" 融合的又一次创新实践。经市政府同意，南山科技金融城被认

---

① 深圳新闻网 [EB/OL]．[2019 - 06]．http：//news. sznews. com/content/2019 - 06/17/content _ 22171087. htm.

定为全市六大金融集聚基地和重点楼宇之一，配套优惠的金融扶持政策，以更大力度支持"科技＋金融"载体建设，支持南山区科技金融创新融合发展。

南山科技金融城的全面落成，是南山科技金融发展中的一件大事。南山区委、区政府高度重视金融业发展，聚焦科技金融，探索建立从实验研究、中试到生产的全过程、多元化科技创新融资模式，为南山的科技创新、产业发展提供延绵不断的"源头活水"。

南山被誉为最具硅谷气质的城区，也逐步成为高质量发展的城区典范。南山科技金融城的全面落成，既标志着一座产融新城的迅速崛起，也翻开了南山科技金融发展的崭新一页，将为南山区抢抓粤港澳大湾区建设重大历史机遇，加快构建科技与金融协同发展的产业体系，奋力建设世界级创新型滨海中心城区注入强大动力。南山区委、区政府将聚焦金融行业发展所需，全力构建国际一流的营商环境，做好服务企业、服务人才的"店小二"，让更多金融企业和人才来南山安家落户。

五、江苏省科技金融实践

江苏省科技金融发展扎实，目前处于中国领先地位。2014 年，全省科技工作深入实施创新驱动发展战略，逐步推进创新省份的建设，努力改善经济结构，鼓励科技创新，营造良好科研环境。全省科技进步率达到 59%。

2017 年 1—9 月，江苏全省实现高新技术产值达 54735.8 亿元，同比增长 14.5%；出口交货值超过 9900 亿元，同比增长 9.42%。其中，航空航天制造业实现工业总产值 299.44 亿元，电子计算机及办公设备制造业实现工业总产值 2137.14 亿元，电子及通信设备制造业实现工业总产值 11978.51 亿元，医药制造业实现工业总产值 3833.75 亿元，仪器仪表制造业实现工业总产值 3137.81 亿元，智能装备制造业实现工业总产值 15288.77 亿元，新材料制造业实现工业总产值 14866.78 亿元，新能源制造业实现工业总产值 3193.58 亿元，分别占高新技术总产值的 0.55%、3.9%、21.88%、7%、5.73%、

27.93%、27.16%和5.83%（见表3-7）。[①]

表3-7　　　2017年1—9月江苏省各地区高新技术产值及占比

地区	产值（亿元）	占比（%）
南京市	4447.11	8.12
无锡市	5071.22	9.26
徐州市	4194.42	7.66
常州市	4542.97	8.3
苏州市	11725.42	21.42
南通市	6128.51	11.2
连云港市	1703.03	3.11
淮安市	1530.07	2.8
盐城市	2643.76	4.83
扬州市	3672.91	6.71
镇江市	3830.15	7
泰州市	4636.51	8.47
宿迁市	609.71	1.11

资料来源：江苏省科技统计网。

江苏省政府从政策引导出发，以政府科技风险基金为基础，引导支持科技创投基金、科技银行、科技担保、科技保险，且将资金引导投入科技企业，尤其是中小型企业；同时构建股权转让市场、产权交易市场、促进企业的股权转让和风险资金退出市场；建立多层次的资本市场；建立多方合作与服务中小企业的，与现有科技金融发展相适应的综合服务平台与金融服务体系。

（一）政策规划

1. 多部门联动金融政策

江苏省科技厅与江苏省财政厅、中国人民银行南京分行、中国银监会、中国证监会、中国保监会等省局机构建立起以"一行三会"为中心的协调工作机制。[②] 分别从财政投入、科技信贷、创业投资、银企对接、资本市场等多

[①]　江苏省科技统计网：http：//www.jssts.com/。

[②]　中国银监会、中国保监会于2018年已合并为银保监会。

方面支持科技创新的发展。

近年来，江苏省先后下发一系列政策针对科技型中小企业进行科技创新活动给予各方面的支持。财政投入力度加大，江苏省积极响应国家支持科技创新项目的指示，于2007年在全国率先成立了科技型企业技术创新资金，同年，制定了《江苏省科技贷款风险补贴专项资金管理办法（试行）》文件。近年来，江苏省贷款总量中科技贷款比重超过50%，科技贷款增长速度每年超过20%，处于稳步增长阶段。

江苏省财政厅联合江苏省人民政府金融办公室等于2009年1月19日联合发布《江苏省银行贷款增长风险补偿奖励资金管理办法》，政府设立此奖励资金的目的主要是为了鼓励省内银行业金融机构增加对科技项目的贷款，和对科技型中小企业进行贷款，通过奖励资金的形式对此类金融机构进行风险补偿。

中国人民银行南京分行于2010年出台了《关于加快江苏科技金融创新发展的指导意见》（以下简称《意见》），在《意见》中，人民银行提出江苏省应明确科技金融发展定位，突出支持科技成果产业化，努力探索开展科技金融创新试点。《意见》强调了科技金融在科技创新中的重要作用，为江苏省科技金融发展奠定了基础。此后，江苏省地方科技金融创新进行得有条不紊，无锡在全省范围内率先建设了科技金融创新服务示范区，无锡和苏州高新区列入国家科技保险试点。科技金融创新逐步展开，促进了江苏科技金融的发展。

2. 健全服务体系

江苏省高新技术创业服务中心于2010年正式启动江苏省科技金融信息服务平台建设项目，并于2011年正式投入使用。该信息服务平台主要功能是面向金融机构与科创型企业，提供投融资信息发布、项目对接等金融中介服务。通过互联网与实体相结合的增值服务方式，为不同融资需求的创新主体提供与其创新阶段相适应的创新金融产品或服务，实现技术与金融的有效对接。同时，作为科技金融服务平台的功能补充，江苏工业园区在其内设立了"SIP科技服务超市"，将其界定为一个纯公益类的供需对接交流平台，帮助企业解决其成长过程中可能会产生的服务外包需求。

（二）科技信贷

江苏省科技金融主要以多元化特征为主，在科技信贷方面，江苏省科技厅、江苏省财政厅、江苏省金融办、江苏省银监局、江苏省证监局、江苏省保监局、人民银行南京分行等建立经常性工作机制，同国家开发银行等 8 家金融机构签署合作协议，科技贷款授信度达 500 亿元。同时，政策上还安排科技贷款风险补偿奖励金 9100 万元，使得全省科技贷款份额提升了 30% 以上。近年来，江苏省科技项目贷款规模年均保持 25% 以上的增速。在银行间债券市场方面，江苏省参与了首批中小企业短期融资券试点，且在全国率先制定了《直接债务融资引导方法》；高新技术中小企业融合票据也成功发行。[①]

2009 年，江苏省成为全国唯一的知识产权示范省，同时江苏省也开创性地提出知识产权抵押贷款的试点办法。科技企业拥有"轻资产"的特点，因而在促进科技信贷方面，江苏省提倡互保、联保、股权等质（抵）押方式，降低中小型科技企业的融资限制，拓宽了企业现有的融资渠道。江苏省各个金融机构为处于不同发展阶段（如初创期、成长期）企业提供了不同类型的科技信贷形式。机构开发了如"科贷通""创业一站通"等新兴金融组合产品。目前，江苏省、市、县等每年投入的科技资金规模超过 100 亿元，且政策对于每年科技贷款规模增幅超过 20% 的企业提供 1% 的财政补偿，三年来累计对 41 家银行发放了超过 2 亿元的补偿基金。2009 年，江苏省注册成立了再担保机构，机构注册资本为 50 亿元，主要为中小型科技企业提供贷款增信支持。

商业银行在政府与中国人民银行的引导下，开发了多样性科技信贷产品，逐步实现银企资金对接，如江苏银行总行开发了"科技之星"中小企业贷款业务，苏州交通银行科技支行与其他金融中介机构成立了"科贷通""创业通""税融通"等一系列金融服务品种。

2012 年江苏省发布了《省政府关于加快促进科技和金融结合的意见》[②]，对科技信贷发展目标做出具体要求。到 2015 年，银行、保险等科技金融专营

---

① 吴先满等. 江苏科技金融发展与创新研究［J］. 东南大学学报（哲学社会科学版），2012（5）：64－68＋127.

② 江苏省政府：省政府关于加快促进科技和金融结合的意见。

中介机构数量已超过 100 家。同时，科技贷款结构要求达到 3:7，即对研发机构和种子期、初创期科技型企业的贷款占比不低于 30%，对成长期和成熟期科技企业的贷款占比不高于 70%。①

江苏省科技信贷政策不只提出发展纲要，还对未来发展目标做出一系列规定，促进银行信贷向科技型企业倾斜。江苏省建立专门的信贷考核指标与体系，主要以科技贷款总量和结构作为高新区金融机构考核指标，代替传统的存款和利润指标，提高信贷风险容忍度。该措施转变了金融机构利益趋向，促使信贷额度向科技贷款聚集。

（三）风险投资

江苏省在近年引导基金发展方面具有较大的突破。2007 年至今，江苏省引导基金规模与发展地区呈不断扩大的趋势，截至 2017 年 5 月底，江苏省政府投资基金共完成对外投资 103.25 亿元，发起设立或出资参与 16 只基金，基金总规模已经超过 800 亿元，拉动社会投资 1550 亿元，可影响资金 4000 亿元。在基金总规模中，财政性资金以外的其他社会资金约 630 亿元，撬动比例超过 6 倍。② 自 2007 年以来，江苏省成立的最具有代表性的创业投资引导基金的发展情况如表 3-8 所示。在表 3-8 中所涉及的引导基金中，最具代表性的是苏州工业园区引导基金和无锡市引导基金。

表 3-8　　　　　　　2007 年至今江苏省引导基金设立情况　　　　　单位：亿元

引导基金名称	设立年份	省份	募集完成规模	拟投资区域
无锡新区创业投资引导基金	2007	江苏	5	无锡新区
苏州工业区政府引导基金第二期	2010	江苏	30	全国
连云港市级政府引导基金	2010	江苏	1.5	连云港
江苏省新兴产业创业投资引导基金	2011	江苏	10	江苏省

资料来源：芝文，陆平，张军涛. 科技型中小企业创业投资引导基金引导方式及江苏省实施情况浅析 [J]. 江苏科技信息，2013（13）：1-3.

---

① 江苏省政府：省政府办公厅转发人民银行南京分行关于加快江苏科技金融创新发展指导意见的通知.

② 朱彬彬. 打造基金产业集聚区，目标规模再增 1500 亿元——江苏省政府投资基金再出大手笔 [N]. 江苏经济报，2017-07-18.

（四）苏州工业园区引导基金

苏州工业园区引导基金是由苏州创投集团和国家开发银行共同发起设立的，资金规模为 10 亿元，期限为 13 年。其中，基金采用公司制结构，国家开发银行与苏州创投集团分别占股 50%，委托苏州工业园区银杏投资管理有限公司作为基金管理人，与风险投资机构合作设立关注不同投资领域和不同投资阶段的商业性风险投资子基金，子基金及管理公司必须在园区注册。截至 2010 年 7 月，苏州工业园区引导基金与创投企业合作设立了 16 只子基金（其中 8 只具有外资背景），规模达到 43 亿元，合作伙伴包括软银中国、德同资本、智基创投等国内外知名创投企业，成功撬动 33 亿元的外部社会资本，资金放大系数达到 3.3，支持了一大批创新型企业的发展。①

（五）无锡市引导基金

2009 年 2 月，无锡市政府为吸引境内外各类风险资本投资高新技术产业，推动无锡地区战略性新兴产业的发展，制定了《无锡市创业投资引导基金发展专项资金运行管理暂行办法》，决定设立为期 5 年，规模 10 亿元的风险投资引导基金，并委托无锡市国联发展有限公司（以下简称国联集团）和无锡产业发展集团有限公司（以下简称产业集团）共同管理。

无锡市引导基金由市财政安排出资，目前已累计出资 2.93 亿元，其中国联集团管理 2.2 亿元，产业集团管理 7300 万元。国联集团和产业集团合作引进了 10 只基金，注册资本 19.38 亿元，到位资金 17.88 亿元，资金放大 6 倍以上。截至 2013 年 6 月底，共投资项目 84 个，投资总额 14.39 亿元。其中投资于无锡本地项目共计 4.66 亿元，是无锡地区引导资金出资额的 1.59 倍；投资于初创期项目共计 2.11 亿元，占无锡地区引导资金出资额的 72%。此外，因首投带动其他基金投资无锡华东装备、无锡小天鹅精密等一批项目累计达 4 亿元。所投项目中 1 家企业已上市，3 家企业启动上市程序，和邦生物、元亮科技等 4 家初创期企业已进入快速成长期。此外，6 家企业已成功退

---

① 陈晓君. 江苏省风险投资引导基金发展现状研究 ［D］. 苏州大学，2014.

出，共实现纳税 1300 万元，3 个项目已启动退出程序；1 只基金通过内部回购的方式完成了对引导基金的份额回购，900 万元引导基金已安全退出。①

（六）科技担保与保险

1. 科技担保

为了支持江苏省中小企业的发展，由江苏省政府批准成立了江苏省唯一省级信用担保机构——江苏省信用担保有限公司。公司股东为江苏省再担保集团，注册资本 56 亿元，资本市场信用评级为 AAA 级，是构建江苏省中小企业成长服务平台的重要机构。江苏省信用担保有限公司以中小企业为主题服务对象，坚持"三化"——市场化、专业化、规范化，在为中小企业提供融资服务上进行了大量的支持和尝试。机构通过营业、产品、管理上的创新，公司的业务规模与用户数量稳步上升。目前，江苏省信用担保公司注册资本 6 亿元，净资产 8 亿元，担保信用评级 AA + 级，且公司已经为全省超过 450 家企业提供了各类担保服务，金额总计已经超过了 200 亿元。②

此外，江苏省信用担保公司与深圳商集企业服务有限公司共同投资成立了江苏省中小微企业成长服务平台。通过提供一站式互联网服务，针对中小创新企业，提供企业在发展过程中的各类需求。不仅如此，江苏省中小微企业成长服务平台还深入参与铺设江苏省各类园区（见表 3 - 9）。

表 3 - 9　　　　　　江苏省中小微企业成长服务平台产品概况

产品分类	产品名称	产品详情
热门贷款	项目贷	针对特定项目而发放的中长期贷款
	流贷	满足临时性，季节性资金需求
特色贷款	账易贷	纯信用、免抵押
	产融宝	央企、大型国企等为公司上下游中小型企业提供的融资服务
园区贷款	园易贷	园区专享小额短期纯信用贷款
	金园贷	专为园区开发提供的金融产品

① 周岑岑. 无锡市创业投资引导基金的发展浅析［J］. 江苏科技信息，2013（16）：6 - 8.
② 江苏省信用担保有限责任公司：http：//home. jscg. cn。

续表

产品分类	产品名称	产品详情
财税服务	财税服务	企业所得税优惠备案、加计扣除专项服务等
	代理记账	小规模代理记账、一般纳税人代理记账等
法律服务	劳动人事	劳动合同、规章制度合法性审理等
	公司经营	企业法律顾问、销售合同、合作协议、采购协议等
营销服务	商标服务	商标查询、商标注册等
	营销推广	新闻营销推广、活动策划、创意文案等

资料来源：江苏中小微企业成长服务平台：http://www.jscg.cn。

通过构建江苏省担保平台，可以充分发挥中小微企业在江苏省科技发展过程的巨大推动作用。担保平台不仅集成了各类金融资源，有效满足了企业的金融需求，同时也为中小微企业拓宽了原有的融资渠道，是科技金融多层次融资体系中不可或缺的一环。

2. 科技保险

江苏省南京市政府于 2015 年 3 月 12 日发布了《南京市科技保险创新发展实施办法》，明确提出科技保险公司的发展定位，即科技保险公司是重点为在南京市行政区域内注册登记、具有独立企业法人资格的初创期、成长期科技型企业提供科技金融服务的专营保险业机构。科技保险公司既是独立运作的专营机构，同时又是其上级公司在南京市范围内统筹推进科技保险和政策对接的集中操作部门，是科技金融探索研究、改革创新、推广实践的先行试点和示范窗口。其科技保险发展目标是将科技保险公司打造成为南京市科技创业投融资体系的重要支柱，使科技保险成为南京市科技型中小企业自主创新的重要风险保障。2017 年，江苏省实现科技保险保费收入累计突破 2500 万元，保额超过 20 亿元。其中保费规定为：对符合补贴规定的企业每年度给予实际保费支出 30%~50% 的补贴，每个企业每年度最高补贴额度不超过 30 万元。（1）对小额贷款保证保险给予投保企业 50% 的保费补贴。（2）购买专利执行保险、侵权专利权责任保险、关键研发设备险、产品责任险、产品研发责任险险种的企业，给予投保企业 40% 的保费补贴。（3）购买财产险、产品质量保证险、团体健康险、团体意外险、雇主责任险险种的企业，给予投保企业 30% 的保费补贴。《南京市科技保险创新发展实施办法》的出台强调了科技保险公司的重要性和发展定位,在未来的发展中,江苏省政府会逐步将科技保险公司应用到江苏省其他地区。

(七) 多层次的资本市场

江苏省在把握市场改革机遇的同时,支持实体经济发展,在原有支持资本市场发展的多元化体系基础上,进一步鼓励支持企业并购重组,支持债券融资发展,引导证券、期货、场外市场规范发展,以构建多元化、多层次的资本市场。

江苏省多层次资本市场的发展主要体现在以下六个方面:(1) 直接融资促转型。江苏省一直鼓励支持实体经济发展,以 2015 年为例,江苏全省直接融资实现了"3 个 1000 亿元"——股权融资规模超过 1000 亿元、并购重组规模超过 1000 亿元、公司实现债权融资超过 1000 亿元,2016 年全省直接融资超过 5600 亿元。(2) 场外市场规模迅速壮大。截至 2016 年初,江苏全省新三板企业挂牌数量达 651 家,实现了"两年 600 家,一年翻一番"的目标,江苏省股权交易中心也有 385 家公司挂牌。到 2017 年 10 月 17 日,新三板企业挂牌数量上升至 1398 家,位居全国第三。(3) 证券期货机构数量与规模不断增大,实力也不断提升。全省 2016 年 6 家券商资本与净利润同比增长一倍,10 家同比增长幅度也在 20% 以上。(4) 私募基金也得到了快速发展。此外,江苏省备案的私募基金数量已经超过 1000 只,私募基金管理规模超过 2000 亿元。(5) 投资者数量不断增长,机构投资者比例不断提高。随着江苏省资本市场功能和服务的不断完善,江苏省证券期货投资者交易额已经超过 1000 万元,且证券期货机构实现交易额 40 万亿元,创历史新高。(6) 地区多层次资本市场发展日益平衡。近年来,除了南京以外,无锡、苏州、常州、南通等城市发展迅猛(见表 3-10)。

表 3-10　　　　　　　　江苏省资本市场部分地区概况　　　　　　单位:家/人

地区	上市公司	辅导企业	新三板	证券公司	证券营业部	期货公司	期货营业部	私募基金管理人
南京	59	38	190	2	145	5	24	242
无锡	56	35	204	2	123	1	32	104

续表

地区	上市公司	辅导企业	新三板	证券公司	证券营业部	期货公司	期货营业部	私募基金管理人
苏州	86	60	411	1	192	1	35	306
常州	25	32	104	1	66	1	14	47
南通	29	16	62	0	56	1	10	38
扬州	9	7	50	0	42	0	7	18
连云港	7	0	14	0	16	0	3	0
镇江	9	4	41	0	30	0	1	11
全省总计	306	205	1190	6	749	10	140	798

资料来源：中国证监会江苏监管网：http：//www.csrc.gov.cn（截至 2016 年 11 月）。

江苏省将强化资本市场的企业信息披露制度、强化行业风险防范，同时进一步加强稽查执法，维护资本市场的健康稳定运行，同时，推动资本市场系统性、功能性、科学性完善，这不仅为中小微企业发展提供了重要平台与系统支持，同时也为科技金融耦合发展提供了重要的金融基础与市场基础。

【案例】苏州工业园创新科技金融模式

苏州工业园区（以下简称园区）通过不断完善科技金融体系，把以大数据为基础、建设区域内科技金融环境能力作为工作重心，通过实施基础平台、信用体系、资源集聚、产品创新、服务链条等多个方面创新工程，打造现代化的区域科技金融治理体系。通过环境治理来构建科技金融融合创新服务体系，盘活区域金融资源，最大化地发挥区域金融资源效用，从而建立科技金融融合发展的示范模型，使之适合于全国各地不同地区特色，为全国科技金融融合发展提供借鉴。

1. 建设覆盖企业全生命周期的科技金融服务体系

园区现已基本形成服务科技型企业全生命周期的金融产业链。对于初创期科技企业，有政策性科技小贷公司、千人计划创投中心以及行使天使投资职能的领军创投公司；对成长期科技企业，有苏州市三家银行的科技支行、科技小额贷款公司、人保全国首家科技保险支公司、科技担保公司以及科技租赁公司等；对于成熟期科技企业，有超 500 家的市场化股权投资机构、苏州市产权交易中心、苏州金融资产交易所以及苏州股权交易中心等创新机构，通过政策性机构与市场化机构的无缝对接，构建了"主体多元、功能完善、运行高效、管理规范"的金融服务体系。

2. 建设完善的科技金融政策体系

通过不断调整、优化科技金融政策，围绕直接融资、间接融资、生态环境建设等出台了一系列科技金融政策，涉及科技担保、保险、融资租赁、股权投资、贷款贴息等。通过科技金融政策的落实，吸引了更多的金融机构落户园区，形成了良好的金融业态，推动了融资担保、保险等机构加大对科技创新创业企业的支持力度。通过贷款贴息撬动银行等社会融资，初步形成了政府资源、金融资本、产业资本共同支持科技创新的新局面。

3. 打造政策性科技金融产品体系

重点打造综合性政策投融资平台。在股权投资方面，园区设立了6.6亿元的创业投资引导基金，主要通过基金参股吸引社会资本对早期科技项目的投资。目前已实现参股基金17只，总额41.73亿元；累计跟投早期项目188个，投资总额3.3亿元；设立了针对园区领军人才企业进行直接股权投资的领军直投基金，投资早期科技创业企业64家，投资总额1.84亿元，有效支持了区域高端科技人才的集聚；创新性地与商业银行合作，设立了省内首只真正支持成长中后期科技创新企业的产业基金，首期金额5亿元，目前已决定投资生物医药、大数据、先进制造行业的3家重点企业，支持科技企业加快发展，实现在创业板的上市融资。

在债权融资方面，重点设立了总额1.3亿元的风险补偿资金池，通过与12家金融机构合作，建立了"苏科贷""科技贷""园科贷"等省、市、区三级联动的金融产品体系以及专门针对直接融资的"直融贷"产品，通过补偿资金的风险分担已推动金融机构累计发放科技型中小企业贷款26亿元，支持企业500余家。鼓励成长中后期科技企业在资本市场直接融资，园区首单双创债在深交所成功发行，发债金额2000万元，后续拟有5~6家企业陆续推出双创债。设立了江苏省首家政策性小额贷款公司——融风科贷，累计为80家企业发放科技小微企业贷款1.26亿元，首贷率达60%。

> **4. 打造金融大数据服务平台**
>
> 集股权、债权、信用、对接一体化的园区大金融综合服务平台已上线。主要功能：一是统一了金融服务入口，整合金融服务机构资源、外部合作资源，实现金融业务的园区统一入口；二是实现金融业务线上管理功能，将金融局业务同中小中心承担的各项科技金融业务全面打通、整合，实现需求对接、债权、股权、多层次资本市场、信用、投（贷）后管理等集于一体的园区融资综合性服务支撑平台；三是嵌入信用管理服务，依托"信用卫士"等系统实现企业、政府和金融机构的便利对接，同时为园区中小企业信用促进会业务提供支持。

六、浙江省科技金融实践

浙江省作为国家首批科技与金融结合的试点城市，充分借鉴已有的成功经验，立足于浙江省实际情况，通过制度和政策创新，采用多种融资手段，不断扩大对高新技术企业的融资支持力度，形成了独具一格的科技金融"杭州模式"。"杭州模式"以投融资平台建设为中心，以市创投服务中心、政策性担保、创业投资引导基金三大体系建设为保障，引导各类资本要素向科技型企业集聚，建立"无偿资助—政策担保—科技贷款—引导基金—上市培育"的全方位一体化扶持计划。

在"杭州模式"的大力发展下，2017年，杭州地区实现生产总值12556亿元，比上年增长8.0%，其中，杭州第一产业增加值312亿元，第二产业增加值4387亿元，第三产业增加值7857亿元，同比分别增长1.9%、5.3%和10.0%。以杭州常住人口估计，杭州人均生产总值为134607元，以当年汇率计算，杭州市人均生产总值达19936美元。

（一）政策规划

为了配套实施国家制定规划的科技金融工作，浙江省先后出台了若干政策文件，其中包括《浙江省科技进步条例》《浙江省技术市场条例》《浙江省专利保护条例》等9份政策文件，在政策层面上已经初步形成了贯穿全省的科技金融政策体系。同时，浙江省科技厅主动加强与各方的协调工作，与财政厅、"一行三会"等部门构建了协调工作机制。此外，浙江省政府与中国建设银行浙江省分行、中国人寿保险公司浙江分公司等金融机构签署构建了长期合作机制，在全省范围内初步建成了科技金融协同发展的耦合机制。

杭州自2010年、2011年、2015年先后开展"雏鹰计划"、"青蓝计划"和"蒲公英计划"。其中："雏鹰计划"旨在通过减免租地费用、享受科技贷款贴息、放宽注册标准等政策扶持，在杭州重点培育出1000家科技初创型企业，形成具有核心竞争力且拥有领先技术水平的科技型企业集群，同时，政府每年以财政专项基金的形式资助扶持"雏鹰企业"，形成"雏鹰企业"培育库。"青蓝计划"则通常指向高校科研院所等的在职科研人员，引导鼓励其创办科技企业，实现高校院所与企业、知识与资本、创业与创新的有机融合。"蒲公英计划"的初衷在于引导鼓励更多的在校生和科研人员创新创业，五年实现1万家科技型中小微企业的规模产出。

一方面，三大计划覆盖科技型企业从初创到成长期的全路径，以"创新创业"带动城市就业发展，为杭州未来"天堂硅谷"的建设方向奠定重要基础；另一方面，三大计划加速了"产、学、研"成果转化效率，为不同职业背景、成长阶段的创新创业者提供了相应的扶持计划。杭州市科委定期举办"最具潜力科技型企业"评选，以企业核心竞争力和自主知识产权为评价标准，优质企业不仅可以得到政府奖励，同时，商业银行也会提供一定的授信额度作为奖励，带动了高新技术人才创新创业的投资热情。

（二）科技信贷

浙江省政府为了给科技型企业提供更为优质和直接的金融服务，专门设立了科技部门或是科技支行，包括现有的杭州银行科技支行、中国银行宁波科技支行等在内的11家科技银行。以杭州银行科技支行为例，2009年7月，杭州银行根据杭州市委、市政府的要求，以科技支行为"试验田"开始了科技金融领域的探索，成立了浙江省第一家科技支行。杭州银行科技支行在体制、机制、产品的商业模式上不断创新，走出了一条专业专注、创新发展的科技金融创新之路，实现了科技创新和金融创新的有机结合。

2009—2014 年，杭州银行科技支行累计发放贷款 113.24 亿元，享受贷款扶持的科技型中小企业达 745 户，户均贷款 660 万元，其中 300 余家客户都是首次获得银行贷款支持。2014 年，杭州银行在原有的专营支行体制和五个单独扶持政策（单独的客户准入标准、单独的信贷审批授权、单独的信贷风险容忍政策、单独的业务协同政策和单独的专项拨备政策）的基础上，启动了科技金融体制机制改革，进一步巩固机构专营化和业务专业化。

截至 2014 年年底，杭州银行科技支行科技金融信贷客户数 3247 户，表内及表外敞口用信 3000 万元以内客户 3116 户，占比 95.97%；科技金融授信总额 370.91 亿元，敞口融资余额达到 211.752 亿元；为 13 家科技型企业办理中小企业私募债业务，融资余额 40120 万元；科技金融资产证券化业务余额 25490 万元；为 13 家科技型企业办理股票质押式回购业务主动授信。①

杭州银行科技支行针对科技型企业高风险的特点，除与政府、担保公司等合作建立了"风险池基金""孵化贷"模式外，还与创投公司合作推出了"跟进股权质押贷款"模式，并重点推出了"订单贷""存货质押贷""知识产权质押贷"等无须企业提供外在抵押、担保的创新产品，还通过分享部分企业股权的增值收益，来覆盖科技型企业贷款的高风险，推出了多款选择权贷款产品。考虑到科技型企业的高成长性，科技支行借鉴美国硅谷银行核心的期权贷款业务、银投联贷业务，开发了"成长可贷"系列产品，为 78 家中小科技型企业累计发放贷款 7.34 亿元。

为了提升对科技型企业的综合服务能力，杭州银行科技支行还与第三方外部机构开展合作，构建多位一体的服务平台。截至 2015 年，已经与科技金融专业机构所在地的县（市、区）政府部门、200 余家国内外知名创投机构、近 50 家创业园区和 10 余家担保公司，以及数十家各类证券公司、会计师事务所、律师事务所、行业协会、行业研究机构等其他中介服务机构建立合作关系。科技支行还通过与 50 余家投资机构的密切合作，共计为科技型企业引入投资款 30 多亿元，其中 2 家企业已经上市，近 20 家企业已成长为国内细分

---

① 叶子敬. 科技金融"杭州模式" 6 个关键点解读［J］. 今日科技，2013，2（2）.

行业的佼佼者，并已申报或准备 2 年内申报 IPO 材料。截至 2021 年 1 月，浙江辖内（不含宁波）科技型企业贷款余额超 6000 亿元，服务科技型企业 4 万余户。

科技金融板块已成为杭州银行科技支行核心资产的重要组成部分，推动科技金融创新商业模式的转变。在政府带动、财政介入、创投引导、资本放大、风险控制等因素的多方联动下，杭州科技信贷信息成本降低，资源配置合理，有利于提高财政管理和融资服务的效率。在信贷规模逐渐缩小的大背景下，科技类信贷规模基本与上年持平，可见，科技型中小企业相对于以往获取贷款的渠道与贷款效率均有所提高。[①]

（三）风险投资

为了引导社会资金等资本进入初创型科技企业，特别是其中包含的高新技术企业，同时为了进一步完善创投体系，推动科技创新与金融创新发展，引导产业升级，由杭州市发展改革委牵头，在杭州市财政局、经济委员会、科技局、国资委等共同领导下，杭州市在全国率先出台了《关于杭州市创业引导基金管理办法（试行）》，创造性地设立了具有首创意义的政策性引导基金——杭州市创业投资引导基金（以下简称创投引导基金）。

杭州市创投引导基金是由杭州市政府从以往单一安排拨款资助的科技三项经费预算中，根据国家发展改革委、科技部的要求，专门设立的不以营利为目的政策性基金，旨在通过扶持商业性创业投资企业的设立与发展，引导社会资金对科技型初创期企业进行股权投资。基金于 2008 年 4 月设立，总规模 10 亿元，按照"项目选择市场化、资金使用公共化、提供服务专业化"的原则运作。其中 9 亿元用于阶段参股，和各创投机构在杭州本地合作设立子基金，引导创业投资企业关注杭州十大产业及初创期科技型企业，并在约定的期限内退出，该模式由杭州市高科技创业投资管理公司作为受托管理机构负责运作。1 亿元用于跟进投资，对创业投资企业选定投资的创业企业，与市场化的股权投资机构共同对其进行投资，该模式由杭州市金融投资集团全资

---

① 丁锋. 杭州银行的科技金融创新［J］. 银行家，2016（4）：20－23.

子公司杭州泰邦创业投资有限公司负责运作。

截至 2017 年 7 月，杭州市创投引导基金已有合作单位 47 家，基金总规模达 66.11 亿元，已投资项目 325 个，投资金额高达 33.13 亿元。同时，基于政府引导基金的乘数效应，基金带动社会联合投资金额 23.13 亿元，资本放大比例高达 10 倍。其中，在 2016 年，批复合作单位 14 家，基金规模 19.6 亿元。投资项目 68 个，投资金额 4.83 亿元，且引导基金已经实现利润 114 亿元，新增加就业岗位达 2 万个，税后贡献为 47 亿元。可以说杭州市创业投资引导基金在过去的一年中成绩斐然。[①]

创投引导基金的科技扶持方式实现了多方共赢。政府管理部门通过引导基金带动社会资本投入到科技型企业，实现资金的循环使用，政府则可以集中精力于公共科技服务、创新环境的发展等方面。企业规范了财务制度和企业管理，还放大了资金使用的年限和强度。金融机构通过创投项目发现一批优质的规模小但深具潜力的科技型初创企业。更为重要的是，对社会资本（包括各种投资机构、投资人以及社会闲散资金）而言，引导基金的模式让金融资本认识到，从长远来看，金融放款到科技型企业远比只盯着大企业或者房地产项目更有效益，同时引导更多社会资金投入实体经济。

（四）科技担保与保险

除了创投引导基金以外，杭州市还建立了政策性科技担保公司。2006 年，杭州市高科技担保公司成立，注册资本 1.45 亿元，现已成为我国规模最大、运作模式最为规范、口碑最好的政策性科技担保公司之一。杭州市高科技担保公司主要业务目标是为中小企业提供融资担保服务。其推出的信用贷款业务与"联合天使担保"基金融合了多年的贷款担保实践经验，具有很强的借鉴意义。此外，杭州市高科技担保公司还推出了担保期权、知识产权质押、订单质押、政策性拨款预担保、分期还款等产品，以满足科技企业多元化的融资需求。

---

① 周瑾. 杭州市创业投资引导基金入围"2017 年政府引导基金前十强"[J]. 杭州（周刊），2018（31）.

通过不同的融资担保等相关金融产品，科技型中小企业可以较低的利率获得银行贷款，无须向银行上缴保证金，显著降低了科技型中小企业的融资难度与融资成本（见表 3-11）。

表 3-11　　　　　　　　杭州市高科技担保公司主要产品概述

产品名称	产品概况
"联合天使担保"基金	杭州市科技局、区、县等科技部门、银行或其他法人主体三方或三方以上，按照一定比例共同承担科技型中小型企业的融资风险；即基金所参与审批的决策者都是风险的承担者，以防止发生关系项目与权力寻租的可能，同时，参与政府部门与金融机构能够分享更多企业信息，减少了信息不对称
担保期权	该产品主要针对具有高增长潜力的高新技术企业。杭州市高科技担保公司安排了部分股权期权，同时与企业协商制定股权的行权价格、期限等。基于期权合约，科技公司可以获得担保，同时享受更低的利率、纯信用担保等
政策性拨款预担保	考虑到财政拨款与国家创新基金等补贴存在时滞，为了满足科技型企业对于资金的迫切需求，杭州市高科技担保公司为科技型中小企业提供了政策性拨款预担保服务。企业可以通过批复文件申请担保，提前获得相应额度，提前期限至少半年，以提高企业效率

资料来源：杭州高科技担保有限公司；www.hzvc.com.cn。

杭州市高科技担保有限公司联合杭州银行开展的风险池合作模式已在整个杭州地区全面铺开，范围和模式得到进一步发展。通过风险池直接提供融资担保金额超过 13 亿元，扩大融资担保合计超过 20 亿元。设立"蒲公英天使投资引导基金"，首期规模 7500 万元。积极发挥杭州市投融资服务平台作用，主办或参与承办 18 场投融资对接会，为超过 1200 余个项目提供与创投资本或银行贷款的对接服务。截至 2014 年，杭州市高科技担保公司累计已经为杭州地区中小企业提供融资担保余额超过 40 亿元，累计受惠企业超过 1100 家（次）。其业务规模不仅在杭州市名列前茅，赢得了政府、金融机构、企业等社会各界的认同，也为科技企业的发展提供了重要的支持。

（五）多层次资本市场

良好的金融市场环境与优惠的市场政策引导促使浙江省多层次资本市场快速发展。截至 2016 年，浙江省共有证券公司 5 家，证券公司分公司 44 家，证券营业部 638 家；期货公司 13 家，营业部 175 家。证券机构代理交易额 62.9 万亿元，同比增长 200%；利润总额 190.7 亿元，同比增长 252%（见表 3-12）。

表 3-12　　　　　　　　　浙江省资本市场发展概况

项目	数量
总部设在省内期货公司数量（家）	12
年末国内上市公司数量（家）	299
当年国内股票筹集资金量（A 股；亿元）	749
当年国内债券发行量（亿元）	1275
其中：短期融资债券筹集量（亿元）	530
中期票据债券筹集量（亿元）	413

资料来源：根据浙江省证监局、中国人民银行杭州中心支行网站整理。

此外，企业上市进程稳步前行，截至 2010 年，浙江省共有境内上市企业 299 家，与 2014 年相比，增加 33 家。增量排名全国第二；其中创业板与中小板企业分别为 50 家和 127 家，分别占全国同类上市公司的 10% 与 16%，累计融资 1475.6 亿元，规模为 2014 年的 1.2 倍。2018 年，浙江省境内上市企业进一步上升至 356 家，创业板和中小板上市公司分别为 128 家和 66 家，上市公司累计融资 8066.19 亿元。资本市场的金融创新步伐也在加快，浙江省企业上市培育工作也在协同进行与拓展。2012 年 10 月 18 日，浙江股权交易中心成立，这是继上海股权托管交易中心后，长三角地区成立的又一个区域性股权交易市场，首批进场挂牌企业共 55 家，总股本 38 亿股，总市值 149 亿元，另有托管企业 156 家，私募债备案企业 1 家。浙江股权交易中心定位于主板、创业板之后的区域性资本市场，股权交易中心的服务对象是广大中小型、具备成长性、有价值的企业。

相较于主板、创业板等全国性股权交易市场，浙江股权交易中心采取"备案制"，且不对挂牌企业的财务做要求，进入门槛明显放宽。相较于其他区域性股权交易中心，浙江股权交易中心企业挂牌要求更低，让许多中小企业看到了希望。浙江省多层次的资本市场持续推进，拓宽了省内中小企业，特别是中小型科技企业的融资渠道，促进了民间资本转化为实业资本，有效地规范了现有企业的治理结构。

【案例】科技金融"浙江模式"

浙江正逐步实现从金融支撑科技创新，到科技、金融融通创新发展之路，从区域金融创新走向全域金融创新之路。发展过程中形成以下四个方面经验。

经验一：加强金融机构与科创企业之间供需渠道建设，通过服务机制的"软创新"，实现对科技企业融资需求的精准对焦，为科技企业发展提供服务。

抓科技企业，精准化、清单化管理。一方面，建立科创型小微企业金融服务清单，根据浙江省6.2万家科技型企业清单，指导银行保险机构建立名单制管理和备选企业库，"一企一档"，优先支持国家级高新技术企业、省级科技型中小企业发展。另一方面，实行企业帮扶"白名单"制度，量化、细化民营企业发债需求清单、上市公司股权质押纾困帮扶清单、困难企业帮扶清单等，着力化解民营企业流动性风险和股权质押平仓风险。

经验二：推动"产学研用金，才政介美云"联动，打造科技金融融合载体，吸引社会资本参与创新，激发创新活力。抓"金融+"融合，推动成果产业化。

浙江省推出了"产学研用金，才政介美云"十联动的创新创业生态系统建设，即把产业、学术界、科研、成果转化、金融、人才、政策、中介、环境、服务十方面因素融合提升，打造一个创新创业的生态系统。浙江清华长三角研究院"一园一院一基金"模式作为优秀经验，在全省推广。"一园"，即产业园，将围绕研究院，配科创大楼、产业基地、人才公寓、商业配套、交流中心等，助推研究院内优质科创企业发展壮大。"一院"，即以浙江清华长三角研究院为主体。"一基金"，即发起设立基金管理公司，吸引社会资本参与到产业创新中来，激发产业创新活力。目前，该经验又在上述基础上升级为"一园一院一基金一峰会"，增加了产业国际峰会，在产业链上下游项目整体规划和引入集聚产业集群基础上，汇聚行业大咖，共商行业发展大计。

经验三：加强科技金融的有效供给，面向重点支持领域，面向科技资源密集区，面向金融机构，为企业发展的大田注入足量的活水。

抓重点领域，激励性支持。在财政科技资金的运用上，改"漫灌"为"滴灌"。设立浙江省中小企业发展（竞争力提升工程）专项资金，采取竞争法分配方式。围绕省委、省政府明确的中小微企业重点工作，选择某一重点领域，以市、县（市、区）为主体，开展竞争性遴选，安排一定资金择优在部分地区开展中小微企业竞争力提升专项激励。新设总规模为20亿元的创新引领基金，重点投资对浙江省经济社会发展具有明显带动作用的重大创新项目和创新型企业、科创板重点培育企业，以及种子期、初创期、成长期等创业早期的科技型中小微企业和高新技术企业。抓科创资源密集区，引导金融机构布局。浙江绍兴鼓励辖内银行机构通过强化市场定位、优化资源配置等方式，在科技资源集聚地区新设或改造分支机构，成为从事科技企业金融服务的专业或特色分支行。鼓励银行机构设立科技金融管理部门，建设专营团队，指导全行科技金融业务管理、渠道建设等工作，打造可持续发展的特色科技金融服务链。抓信贷投放，提高供给数量和服务水平。浙江推动金融机构持续加大民营小微企业信贷投放，力争三年新增小微企业贷款5000亿元，把银行业绩考核与支持民营经济发展挂钩，以正向激励和反向倒逼，引导银行加大对小微企业信贷投入。推动金融服务有数量，更有速度和温度。浙商银行推出了涌金票据池、应收款链平台、大数据风险管理等带有金融科技"气息"的新型业务；浙江农信运用大数据，创新"普惠快车""小微专车""企业直通车"的"三车"信贷模式，通过整合客户信息采集、客户综合评价和信贷业务审批等业务流程，实现"一站式"综合办贷。

经验四：加强科技赋能金融，集聚科技金融创新人才、技术等要素，培育金融科技创新企业，打造移动支付之省和新兴金融中心。

抓重点实验室建设，布局金融科技人才与技术；成立中国人民银行中钞区块链研究院、北京大学信息技术高等研究院、国际电联数字货币（中国）实验室、钱塘江金融港湾金融科技实验室，组建"全球金融科技实验室联盟"与浙江省"金融科技产教融合联盟"，搭建高校金融学科改革创新、金融人才教育、金融数据库、第三方投研和科技成果转化的多个平台。

抓金融科技，培育金融科技企业生态群。浙江省在杭州布局建设国际金融科技中心，以培育金融科技企业为切入点，打造"一超多强＋小微企业群"的金融科技生态体系，推进大数据、云计算、人工智能、分布式技术、信息安全技术等综合领域的融合创新，涌现出了蚂蚁金服、恒生电子、同花顺、信雅达、连连支付、同盾科技、邦盛科技、趣链科技等一批新秀企业，形成了消费金融、供应链金融、区块链金融、大数据征信、移动支付、大数据风控等领域的生力军。

第四章　科技金融微观探索

一、数字经济背景下隐私保护问题研究

（一）绪论

21世纪社会经济与科学技术不断发展，电子商务、社交网络扩大了互联网的使用范围。数据量的持续增加，逐渐成为目前主要生产要素。随着数据量持续增加，传统的数据处理技术已经无法得到满足，所以就要求新一代数据处理技术解决。

国外学者布鲁斯丁划分了群体隐私与个体隐私，其表示群体隐私为人们在和他人关系中的隐私方式，个体隐私为不受打扰与独处的状态。R. Gavison在研究中表示，隐私主要包括匿名、独处、保密。保密指的是了解到他人信息的一方要对信息进行保密；匿名指的是使人能够自由地表达，在某情境中不会被外人所关注；独处指的是隐蔽不希望他人接近。英国学者基隆·奥哈拉说明了目前数据技术导致的隐私威胁，对数据技术的优势进行了分析。其认为，人们在被监视过程中的工作与生活越来越依赖于数据技术，在电子活动过程中具有人们的数据印记，人们在此过程中随时就会失去隐私。美国学者戴维斯等人出版了首部相关大数据伦理研究专著《大数据伦理：平衡风险与创新》，该书认为目前人们生活在技术不断变化的时代中。在此时期，人们并不是根据传统伦理规范行为，大数据技术的发展为人们提供了全新思考的紧迫性，并且需要更好的伦理思想。[1]

我国在数字经济时代中也展开了相关研究，冯国登等人对安全保护技术进行分析，包括角色挖掘、数据匿名发布保护、社交匿名保护等。另外，还

---

[1] 弓永钦. 国际企业数据隐私管理标准研究 [J]. 技术经济与管理研究, 2016 (8)：76-80.

对此阶段大数据隐私研究不足进行充分的认知。其认为,对于总体来说,现代国内外缺乏大数据隐私与安全保护研究,只有通过相应的技术手段和政策法规相互结合,才能够有效解决大数据隐私和安全等问题。还有周水庚等学者对数字经济时代中的位置感知技术进行研究,分析了位置感知技术对于隐私的威胁,对位置数据供给模型进行总结和创建,将其作为基础对位置隐私保护技术进行分析,最后提出了用户隐私保护技术在未来发展过程中的方向。中国社科院研究人员针对大数据技术研发、创新和使用中的伦理问题,在对隐私问题分析过程中,认为大数据时代中的因素丧失比较多,使其作为隐私载体信息,无论是商业或者其他方面都会出现滥用等情况。将其作为基础提出了可持续发展中大数据的主要因素:其一,消费者受益比分享数据付出代价要大;其二,在使用数据过程中保证高透明度;其三,保护个人隐私。

综上所述,现代学者通过多元化角度研究,在数字经济、大数据和隐私研究方面成果较为丰富。但是,关于大数据隐私研究还存在一些问题。目前数字经济时代隐私安全问题研究较为零散,大部分的研究都属于短篇的期刊文章,缺少全面系统的研究。

(二) 信息泄露主要途径

1. 移动设备

表4-1为2018年互联网设备使用统计表,通过表4-1显示,移动电话的使用率最高。截至2018年12月底,我国使用手机互联网用户的比例达98.6%,比上一年增加了2.5个百分点。广泛使用的智能手机增加了隐私泄露概率,人们习惯将个人信息、文字等保存在手机中,不法分子通过简单的操作就能够得到个人信息,导致泄露隐私。

表4-1　　　　　　　　　　2018年互联网设备使用统计

序号	设备名称	百分率(%)
1	台式电脑	53.1
2	电视	28.1
3	手机	98.6
4	笔记本电脑	35.9
5	平板电脑	26.9

2. 无线网络

在网络持续发展的过程中，促进无线网络的发展，使人们的生活和工作更加方便，大部分人能够随时随地使用免费的无线网络上网并且实现数据的传输。但是，无线网络在使用过程中具备脆弱性与漏洞，犯罪分子利用连接无线网络移动设备得到用户信息，然后盗取支付账号，从而致使客户出现财产损失。

3. 公共设备

公共 WiFi 可能致使信息泄露，使用可以直接连接且不需要验证或密码的公共 WiFi 时，尽量不要进行网购或网银操作；进入公共场所关闭 WiFi 开关，避免在自己不知道情况下连接上恶意 WiFi。共享手机充电宝也可能导致信息泄露，在使用共享手机充电宝时不要点击同意或者信任按钮，尽量携带自己的充电设备，并安装使用手机防护软件。

4. 移动支付

随着信息技术的不断发展，促进了移动支付的发展。移动支付用户规模也在不断提高，网上支付不断增加。移动支付除了在外卖、出租车、购物等方面使用，已经广泛应用到公共服务部门中，已经逐渐从早期支付水电费转到医疗保健、公共交通中。在移动支付使用的过程中要求用户提供自身信息，如果第三方信息库泄露，就会导致个人财产与隐私出现泄露损失。

5. 指纹识别和人脸识别

生物识别技术在技术不断进步过程中逐渐发展，开始大规模使用指纹识别和面部识别。各个手机厂商也发明了先进、方便的手机解锁方式，如人脸识别。大部分制造厂商在设计面部识别过程中，都是利用识别虹膜与人脸 3D 扫描，厂商缺乏高安全性的识别技术，多使用软件算法和 2D 照片，因此具有大量的技术漏洞，用户利用简单的方法就能够解锁，比如利用打印照片解锁等。随着科学技术的持续发展，现代安全识别系统也出现了被破解的可能性。其次，指纹识别、人脸识别的个人隐私信息安全存储具有不确定性。[①]

---

① 谭霞霞. 数字经济背景下医院财务管理的转型研究 [J]. 经济研究导刊，2019（16）.

6. 个人信息滥用

在全球数字经济快速发展的过程中，个人信息保护法律备受重视。在数字经济生产过程中，数据为主要的资料，数据关系着数字经济的发展。针对大量数据的分析与挖掘，能够实现大数据的生成，以此为数字经济发展提供全新引擎。基于此，企业中的数据指的就是财富，谁拥有的数据多且重要，就相当于拥有了大量的生产资料，能够使数据朝着利润转变。将大数据应用到数字经济企业中，能够优化自身服务，实现精准营销、风险管控等，满足自身发展需求。但是，也可能侵犯个人信息，导致保护个人信息与数字经济的发展存在冲突性。

其一，在使用大数据过程中会有个人信息滥用的情况，企业对个人信息收集，要满足原本的目的，不能够将数据用途改变。但是，在实践过程中利用个人信息的收集，数字经济企业会利用大数据开展精准营销，或者大数据"杀熟"。服务与商品都相同，老客户价格高于新客户价格。对于手机个人信息，数字经济企业滥用，还会对第三方主体提供数据开展非法交易从而牟利。

其二，部分数字经济企业会出现个人信息收集过度的情况，超范围得到个人信息成为行业发展中的潜规则，用户在不知情情况下使自身信息被企业过度地收集。部分 App 还存在强制索权的情况，要求用户统一化读取信息内容、通讯录，实现位置信息的共享，得到用户权限等，否则用户无法使用该软件。

其三，企业无法确保个人信息安全，部分企业收集用户信息，缺乏高安全保证度。企业不仅会导致个人信息泄露，还会被内部人员或者黑客盗取。根据 Verizon 发布的《2020 数据泄露调查报告》，管理咨询公司等研究机构相关调查表示，38% 的攻击者具有国家背景，28% 的攻击活动是间谍窃密活动。实施攻击行为的包括网络犯罪分子、竞争对手，甚至有国家背景的攻击组织。

综上所述，在大数据时代中促进了数字经济的发展，影响了个人信息的保护。同时也说明，数字经济企业未来的发展与个人信息的保护水平具有密切关系。[①]

---

① 文森特·莫斯可，徐璐，刘琛. 物联网能否走向民主：隐私、劳动和环境的视角［J］. 新闻界，2018（1）.

（三）隐私保护问题研究

1. 数据泄露的危害

目前，数字化发展越来越迅速，大数据被广泛应用到每个角落中。人们在享受大数据便利优势过程中，也会出现相应网络安全事件。主要包括数据隐私泄露事件，为人们带来一定的危害。

其一，个人层次。用户的身份信息中敏感信息会在网络中暴露，对财产、人身安全造成了严重的威胁。最近几年发生了大量的数据隐私泄露事件，不法分子利用各种途径泄露数据事件越来越多，常见手段包括网络诈骗、电信诈骗等。另外，泄露数据隐私会影响用户的思想，部分不法分子以得到的数据分析用户思想错误，诱导指引其违法犯罪。

其二，社会层次。泄露用户隐私对比社会层次隐私泄露只是小部分，导致的影响小于社会层次。部分不法分子会侵入政府部门收集数据开展非法活动，流失政府部门数据会威胁到部门。对于部分企业来说，泄露数据会出现不可挽回的损失。

目前，频频发生网络安全事件，无论是财产损失或者思想绑架，都会对社会和用户产生不可挽回的影响。在大数据不断发展的过程中，也扩大了大数据体系。所以，就需要严密计算机实现数据保护和存储。但是，在数据存储过程中，大部分的数据会在设置数据库中存储，数据库保护出现问题会导致数据大量暴露与流失。所以，网络安全事件也越来越多，导致流失大量财产，影响用户思想。在现代时代背景中，促进了数字化技术的发展，在网络中暴露个人信息，在即时通信中隐姓埋名，利用掩饰自己身份的信息，从而不在网络中暴露自己信息就大错特错。目前互联网不断发展，不管是网上浏览或者网上购物，都会涉及个人信息。因此，在数字化时代中，每个人都是透明人。①

---

① 易宪容，陈颖颖，位玉双. 数字经济中的几个重大理论问题研究——基于现代经济学的一般性分析［J］. 经济学家，2019（7）.

2. 隐私保护法律局限性

除了隐私保护中的信息泄露问题之外，还存在现有法律局限性的问题。

其一，立法缺少系统性。我国法律中相关隐私保护条款比较少，并且分布比较零散，所以在具体使用过程中要查询大量法律、条例、法规等。因为颁布、制定的主体不同，此法条制定标准也不同，效力等级比较差，无法相互呼应。一般，直接提到的隐私保护都是位阶低的条例与规章，效力高的法规、法律只是隐私保护精神，并没有清楚的隐私保护条文，导致下位法在立法过程中缺少足够支撑。

其二，缺乏直接保护。我国目前隐私虽然都展现在部门法中，但是都是利用保护荣誉权、名誉权等方式实现。之前隐私权内涵有限，利用保护名誉权等人格权方式。在技术不断发展的过程中，隐私权逐渐脱离其他人格权独立存在，并且还展现了财产权特质，无法使用旧法律保护。隐私权内涵比较丰富，促进个人数据与信息保护相应立法出台，但是三者不同，完全套用无法满足需求。不管是宪法或者其他部门法，缺乏直接提及隐私权法条。总体来说，我国现代个人隐私保护法律还只是一般性原则条例，缺少具体实施细则，隐私保护范围、隐私权概念等需要进一步明确和修改。

其三，救济方式有限。我国相关个人隐私保护法条大部分为设权型与政权型，在违法保护义务法律后果后，具备轻民事确权、民事归责，重行政管理、刑事处罚的势态。大部分隐私权保护都是根据名誉权开展，相应责任承担方式为损失赔偿、消除影响、恢复名誉、停止侵害等。但是隐私侵害都是不可逆的，所以不管是消除影响或者恢复，在实践中无法实现。在损害赔偿方面，缺少损失衡量细则。在数字化发展的大数据时代中，隐私侵害会导致财产损失，即便是人格权损害，最终也会通过经济利益方式进行展现。要想威慑违法者，违法成本会得到提高。所以，侵害隐私权经济赔偿责任设置和赔偿方式确定尤为重要。

3. 数据收集环节泄露

在数据收集过程中，大数据种类多、体量大、来源比较复杂，数据的完整性与真实性校验比较困难，目前并没有严格数据可信度、真实性的鉴别与监测的手段，无法对恶意、虚假数据进行识别与剔除。如果黑客使用网络攻击将"脏数据"注入数据收集端，会使数据真实性造成破坏，故意使数据分析结果转变为引向预设方向，从而攻击操作的分析结果。[①]

4. 数据存储的风险

在数字经济时代，要存储大量数据，并且为数据分析提供安全环境。人们在数字经济时代每天产生的数据量大，数据规模达 PB 量级，并且具有多样化的数据来源，其中数据类型包括结构化和非结构化，以此就要求通过存储系统管理大规模的数据。其次，数据存储系统不仅要存储海量数据，还要提供数据处理技术基础支撑，保证系统有效使用安全性。目前数据保护技术都无法满足保护数据目的，比如访问控制技术、登录访问控制技术，从而使数据在存储过程中会受到篡改、窃取、破坏等问题，泄露个人隐私。

目前，存储数据的方式在现代信息技术不断发展过程中而改变。人们所使用的电脑、手机等智能设备都能够实现数据存储，此设备能够保存人们日常生活中的信用卡、消费记录、聊天记录、搜索记录等信息，并且通过网络终端和自动发送方式交互数据。大量烦琐的数据无法使人们利用简单方式删除，由于人们将智能设备中的数据删除，还要将利用智能设备上传到数据存储系统中的数据删除。在此过程中包括多方面问题，无法彻底删除数据，数据在服务商数据存储系统中永远保存着。所以，服务商能够在未知情况下随便使用此无法删除数据，导致人们无法控制自我信息，个人隐私也会出现被泄露、侵犯的问题。

5. 数据处理中的机密性保障

在数字经济时代中，大量企业与组织都要参与到产业链协同中，基于数据流动和合作实现生产活动。企业或者组织在数据合作与共享应用场景中，数据是突破组织与系统边界流转，实现跨系统访问或者多方数据汇聚的联合运算。对商业机密、个人信息、独有数据资源在合作过程中的机密性进行保证，为组织、企业参与到数据共享合作基础，还是数据有序流动需要解决的主要问题。

6. 数据流动路径的安全追踪溯源复杂度

大数据使用体系比较强大，频繁的数据共享与交换提高了流动路径的交错

---

① 姜瑛玮. 大数据背景下的网络安全与隐私保护研究［J］. 科技展望，2017，27（7）.

性，数据的产生、销毁并不是单路径、单向的简单流动方式，也并不只是组织的内部流转，而是通过一个数据控制人员流到另外一个控制者。在整个过程中，异构网络环境中跨越数据控制者或者安全域全路径数据追溯比较困难，尤其是数据源的数据标记、数据内容、可信性的捆绑安全性问题尤为突出。

7. 传统隐私保护技术问题

在大数据环境中，企业对于多来源和多种类型数据集实现深度挖掘与关联分析，能够使匿名化数据进行复原，从而对指定人员进行识别，并且得到有价值的个人信息。传统隐私保护过程中，数据控制人员对于单一数据集独自选择隐私保护技术与参数，对个人数据进行保护，尤其是通过掩码、标码等技术，无法解决大数据场景中多元数据分析挖掘导致的泄露隐私问题。

另外，在数字经济中，数据有着半结构化、动态变化与非结构化居多的特点，针对占据数量总量超过80%的非结构化数据，一般都是使用非关系型数据库存储技术实现大数据管理、抓取、处理。但是，非关系型数据库并没有严格访问控制机制和完善隐私保护工具，目前的匿名化技术、脱敏技术等隐私保护技术，大部分都应用到关系型数据库中，无法适应大数据非关系型的数据库需求。

（四）隐私保护的治理机制

1. 创建系统隐私保护制度

现代隐私保护法律研究中，改善中国隐私保护的期望寄托在民法中。数字时代中隐私权财产问题，充分展现了隐私权范围定义，除了人格权意义和隐私权定义之外，也能够将大数据时代隐私权的经济价值反映出来。丰富隐私权内涵，改变隐私侵权行为中的侵害法律和后续责任承担方式，增加了侵权行为主体范围和方式。所以，专门法要列举不同主体在隐私保护过程中的义务和权利，比如隐私主体本人参与到收集信息权利与修正后续流转错误信息权利等。在掌握隐私保护权利义务之后，就要规定违背义务行为、损害权利的承担责任，因为隐私权财产人员的双重性，承担责任的方式要能够将经济赔偿、精神安抚充分地展现出来。隐私侵害行为后救济与案件管辖的方式，也要展现在专门法中。

在具体责任承担方面，以侵害客体差异区分。因为隐私侵害划分个人秘密揭露、侵入私人空间、干涉私人决策，其导致的后果也包括财产性、名誉性、精神性的损害。针对侵入私人空间，要恢复原状、停止损害，必要的时候根据名誉权保护法律规定实现归集。进入数字化经济时代，加深了隐私商品化程度，隐私泄露不仅会导致精神损害，还会导致财产损失。所以，行为人开展隐私侵权行为之后，不仅要根据我国法律规定，赔偿因为隐私侵害导致的财产损害，还要承担侵害行为导致的直接财产损失。

虽然其他相关政策、规章虽然没有直接提到数字化、大数据，但是可以利用解释方式纳入大数据，根据限制信息收集、使用和传输等方式对数字化时代个人隐私进行保护。因为相关法规、政策比较零散，还要实现法律索引的制定，使相应条文根据信息收集、传播、分析、使用等环节进行分门别类，便于行政、司法机关在对案件处理过程中查询、解释目前可能会存在的语义模糊、矛盾与定义不清，和具体案例结合对相应法律进行明确。

2. 严格信息收集和存储安保

我国要坚决保护个人私密信息，避免大数据通过任意潜在收集设备实现信息的获得和窥探。对于已经公开的信息，第一种是因为各种原因被非政府机构单位所记录的个人信息，比如培训记录、医疗记录、房屋租赁情况等，基于满足法律需求和正当理由，能够查询其他主体。对于此种个人信息，相关负责部门要加强监管，收集公民信息的单位要创建良好的信息管理制度，并且设计维护、存储个人信息的软硬件并定期检查，对此种信息安全进行保证。不能够在没有经当事人允许的情况下出售信息或者无偿提供给大数据机构；第二种为信息主体自愿在公开环境中发布个人信息，比如社交网站中的实时地理位置、照片等，或者招聘网站中的个人简历。在保护信息过程中，要使服务信息商保密义务得到增强。首先，要求提醒用户慎将个人信息上传到网站中，告诫会泄露个人隐私；另外，要求公开平台服务商加强安全管理，对用户信息进行保障，避免资源大规模、大范围的泄露，并且不能够通过掌握的信息牟利。①

---

① 吴韬. 绿色发展理念下云南数字经济发展问题研究 [J]. 智富时代，2018（3）.

3. 限制大数据分析使用。在使用大数据过程中，隐私信息的来源主要包括直接收集和通过数据挖掘分析得到。不管是隐私信息的哪种来源，其传输流通、分析使用都是通过数据挖掘得到。针对第一种个人隐私信息，在收集过程中得到隐私主体认可。在对此种隐私信息分析使用过程中，不能够超过隐私主体授权范围。如果在后续使用过程中超过授权范围或者交给其他机构所使用，就要重新得到信息主体许可与同意。对于通过分析挖掘得到隐私信息，除了要重新得到授权之外，原始数据分析也要纳入到个人隐私保护范围中。

另外，在信息使用传输过程中，要核对信息主体的信息完整性、真实性，使大数据分析结果的精准性得到提高，降低因为错误信息导致出现的侵权问题。对于不满足隐私保护需求的数据处理机构，要拒绝将个人信息数据传输。针对个人隐私信息，在使用、传输、处理过程中，要实现匿名化的处理，大数据分析结构中的个人隐私没有授权，在得到隐私主体新授权之前无法出售和使用，并且还要妥善保管，在得到授权之后再一次实现匿名化处理，才能够继续使用。

4. 强化企业信息数据监管

目前，我国缺乏对企业单位信息数据的监管，部分信息的流出和企业监管问题具有密切关系。企业要对工作过程中合法收集的用户信息严格保管，对数据库监管进行规范，避免不法人员查看和复制，避免个人信息流出。使用户的隐私权保护意识得到提高，也使网络吸引力得到提高，加强企业信息数据监管的措施包括以下内容：

其一，发布隐私政策声明。在主页显眼位置设置企业隐私政策声明栏目，表示重视用户隐私权。此声明的内容为：不能非法收集、传播、使用和披露个人信息；用户有权查询资料，并且更正错误资料；指定情况下转移资料收集；网站经营人员得到个人信息前通知；用户权利受到侵害的救济途径。用户在以下情况下可以将个人信息提供给网站：首先，对网站非常信任，网站不会滥用个人信息；其次，提供个人信息后反馈。因此，为了保护网站信息，如果没有用户的许可，不能够将个人信息出售给第三方。

其二，网络隐私认证。基于促进企业发展，行业自律为隐私权保护模式的重点。所以，行业要创建非营利性、独立的组织，并且审查组织中的隐私政策与实施情况。只要是隐私行业指引网站，都能够利用并且在网站中设置认证标志。因此，要使网站商业信誉得到提高，并且提高用户对互联网信息的使用，解除消费者对于保护个人隐私的忧虑。

其三，更新技术。对数据安全进行保障的内容为：网站实现对个人隐私保护的软件研发，用户通过此软件是否能够保护隐私进行浏览。另外，用户利用此网站还能够确定是否输入信息，并且避免输出信息不会侵害到隐私权。另外，要对网站技术不断更新，避免黑客攻击。对于大量黑客攻击，保护个人数据安全，企业责任重大。

企业单位在加强网站认证过程中要进一步加强内部数据管理人员的培训，使工作人员工作素养得到提高，避免数据出现泄露的情况，有效保证个人隐私的安全性。在监管个人数据过程中，企业要制定监管标准，使数据管理人员有章可循，并且提高个人数据保护技术。

5. 提高个人保护意识

通过社会各界与政府维护个人信息，要求公众加强个人信息保护意识，从源头避免个人信息外泄。

其一，不能够对第三方泄露自己的隐私信息。在网站中填写个人注册信息的时候，重视网站是否设置了保护用户隐私的制度。如果没有，在填写过程中要谨慎。即便是具备隐私制度，如果没有特殊的需求，只填写不会暴露隐私的数据。

其二，加强电脑安全保护。将防火墙、病毒防护软件安装到电脑系统中；定期扫描系统，保证不会感染病毒，设计在计算机开机中实现病毒防护的软件；部分特殊程序还要连接互联网，执行后台扫描系统。

其三，定期清理暴露隐私数字信息。在使用电脑过程中，定期清理电脑记录，避免因为病毒入侵出现损失。定时清理文档历史记录，各个版本都能够将文档历史记录打开，在开始菜单中能够显示所有历史程序、文档与常用的软件，将此应用程序打开，就会定期清理最近访问文档记录、搜索引擎及回收站的信息。

6. 加强技术监管

在对个人数据保护过程中，因为个人数据来源多样，所以就要对不同来源渠道的数据使用不同手段，在数据存储过程中使存储系统安全管理与人员培训加强。

其一，严格数据搜索。在收集数据过程中，一般包括三种不同来源数据，所以对于不同来源数据使用的监管措施也不同。首先，对于个人私密信息在不影响公共利益时，不需要提供给任何个人、组织与机构。另外，对于观测数据，因为各种原因被机构收集的信息，比如购物记录、医疗记录等，此信息基于满足法律规定，但个人要数据收集方提供信息说明。最后，对个人自愿提供信息，比如个人视频、位置信息、照片等，根据服务商保密签协议的增强实现，服务商在用户注册与使用过程中使用补充条款，和用户签订个人保密协议。

其二，数据存储管理。数据管理方要使个人数据软硬件设施管理得到加强，并且开展安全检查和安全培训，对信息安全进行保证。另外，对数据管理制度进行完善，使企业人员安全交易得到加强，避免数据泄露。[1]

在数字经济时代中，数据使用和隐私保护为天然矛盾的两端。通过相应的措施解决大数据适用过程中的隐私保护问题，能够促进数字经济时代的发展。另外，隐私保护技术主要问题就是效率，要使数据存储、使用过程中的保密性研究得到加强，从而提高数字经济中隐私保护技术水平。

二、数字经济背景下小微企业贷款的信用保险方案和费率定价问题

民营经济是杭州经济发展的最大特色优势。2018 年 11 月，杭州市提出了"建设国际一流营商环境　争创民营经济高质量发展示范区"的奋斗目标。2019 年 3 月，杭州市委在杭州市工商联召开的十三届五次执委会上向民营企

---

[1]　曾允菁. 数字经济下合格评定和标准化工作发展机遇和挑战研究［J］. 今日财富（中国知识产权），2018（10）.

业发出号召：要争当高质量发展的排头兵。并提出"三加两减一提速"惠企政策，出台了一系列扶持民营企业的政策措施。小微企业作为民营经济的重要组成部分，由于受困于"低小乱"的发展特性，小微企业普遍面临企业风险管控水平低下、抗风险能力薄弱的问题，对获取保险保障的需求很大。但由于缺乏有效的数据分析和风险管控手段，传统的企财险承保方案或因承保条件过高、保障水平偏低难以满足小微企业的实际需求，致小微企业投保积极性不高，或因赔付率过高，产品亏损严重，保险公司难以为继；导致小微企业普遍无法获得与其风险匹配的能永续经营的保险保障产品。结合2019年银保监会发布《中国银保监会办公厅关于2019年进一步提升小微企业金融服务质效的通知》（银保监办发〔2019〕48号），浙江银保监局于2019年4月制定实施《浙江"4+1"小微金融差异化细分工作方案》，促进小微企业精准化差异化金融服务细分工作。

本部分试图以信用险为例，通过结合数字经济、大数据发展态势，帮助保险公司运用现代化信息科技手段进行小微企业的风险评估、合理定价，优化小微企业财产管理，促进保障保险公司风控成本及经济社会效益。在理论层面，本部分扩充了大数据相关技术的运用范畴，促进了大数据与定价理论的融合与发展。在实践层面，小微企业财产险作为财产险中相对复杂的保险产品，因为缺乏有效的风险评估和定价机制而发展滞缓，本部分着眼于小微企业信用险方案设计与定价问题研究，有助于从实际层面解决小微企业财产险承保难点，推动小微企业财产险及其他服务于小微企业的保险产品的开发和拓展，为保险行业精细化管理与高科技转型积累了实践经验、奠定了基础。为相关政府部门制定推动小微企业高质量发展政策和相关政保合作产品提供决策依据。

（一）文献综述

在经典的财产险定价研究中，Cummins J. D.（2000）[①] 分析了19个经典

---

① Cummins J. D. , Phillips R. D.（2000）Applications of Financial Pricing Models in Property – liability Insurance. In：Dionne G.（eds）Handbook of Insurance. Huebner International Series on Risk, Insurance, and Economic Security, vol 22. Springer, Dordrecht.

定价模型的适用性与局限性。随着定价研究的发展，基于企业视角投保影响因素的研究越来越得到学者关注，黄枫、张敏（2014）发现，财产保险平均费率变动对企业投保行为有显著的影响平均费率每下降1‰，企业投保财产保险的概率将增加2个百分点。Alexander Braun（2018）等发现，投保价格与投保意愿有显著联系。王康等（2018）指出，影响食品企业投保食品安全责任保险的主要因素中，食品责任保险的保障程度与范围对食品企业投保意愿的影响最大。

企业自身的差异性对财产险差异化定价提出了要求，赵会军（2009）通过研究发现，国内产险市场已经基本实现费率市场化定价。季昱丞等（2018）认为，相比于政府机构直接对科技企业进行补贴，通过对保险机构的风险补偿来降低科技企业保险费率的间接补贴机制往往更为有效。而随着新技术的应用和发展，新经济环境下企业投保需求及定价要求发生了新的变化。赵艳丰（2018）通过中外案例分析，指出国内保险业的大数据应用处于"外挂"阶段，产生"修正"影响，与国外相比较存在较大差距。赵占波（2018）指出，保险行业应借助于大数据技术进行建模，改变保险产品设计水平和定价方式。王向楠（2019）提出，互联网普及显著降低了车险市场的平均价格，互联网普及对车险市场的价格离差的影响呈"倒U"形。

在数字经济时代，风险特征的描述被极大丰富，数据资源的获取也越发便利，大数据为保险风险评估与定价带来了前所未有的创新，为促进小微企业差异化金融服务提供了可能。结合国内外相关文献分析，现阶段对于小微企业财产险需求端的研究较多，大部分学者对于财产险定价与承保范围会对企业投保意愿产生显著影响达成了共识，差异化定价能较好满足不同类型企业对于财产险的需求。少数学者尝试运用大数据工具进行差异化定价研究，但缺乏对于小微企业信用险方案制定和差异化费率定价的直接研究，尤其是多维数据源及适用定价模型的研究。

（二）调查背景

我国经济当前处于转型发展阶段，而在经济转型过程当中，小微企业是其中十分关键的生力军。在发展动力培植，解决就业难题，产业结构优化，创业创新发展和社会稳定维护当中具有十分显著的价值和意义。为了推动小微企业的发展，中央政府制定了一系列发展政策，我国小微企业发展进入比较好的发展阶段。[①] 除了政策方面的支持之外，商业银行也从贷款方面支持小微企业发展。但从针对小微企业贷款业务开展的实际情况来看，政策和各种优惠措施的执行效果并不明显。[②] 虽然有一些商业银行为了更好地开展小微企业贷款，采取信用贷款风险措施，比如招商银行采用信用卡发放贷款，平安银行采用交叉认证等方式，可以起到一定的作用，但是还是没有办法准确预测大面积的违约风险事件。

所以，小微企业"融资难"问题急需得到解决，银行也需要快速寻找贷款风险，这就需要在这两者之间引入专门的保险机制，解决小微企业"融资难"相关问题。

（三）浙江省小微企业调查情况分析

根据浙江省发布的与小微企业相关的统计数据，可以发现近些年来浙江省小微企业的增长情况。

1. 浙江小微企业整体情况

通过浙江省规模以上小微企业的整体情况调查结果，可以看出小微企业的综合贡献率、成长活跃度以及核心竞争力和制度供给力都明显增强（见表4-2）。

表4-2　　　　　　　　浙江小微企业成长指数统计结果

年份	综合贡献力	成长活跃度	核心竞争力	制度供给力
2014	100	100	100	100
2015	104.48	100.54	105.31	102.16
2016	118.88	107.61	107.86	104.77
2017	123.22	121.98	117.92	108.99
2018	130.51	126.85	121.88	121.23

---

① 李长江. 小微企业贷款信用保险模式探究 [J]. 中外企业家，2019，631 (5)：15-16.

② 夏晗. 基于支持向量机回归集成的小微企业信用风险度评估模型研究 [J]. 征信，2019，37 (4)：21-27.

在 2018 年浙江省的经济发展当中，着重关注数字产业化发展以及产业数字化发展，加大数字经济发展，争取创设国家数字经济示范省。在政策助推作用下，数字经济主体快速发展，全省全年新增加的数字经济产业小微企业有 3.2 万多家，与之前相比增长了 32.2 个百分点。数字经济小微企业的数量已经达到了 14.5 万家，在全省小微企业当中占比达到了 8.9 个百分点，所带动的就业有 99.1 万人。

2018 年全省数字经济总量已经达到了 2.33 万亿元，和上年相比增长了 19.26%。数字经济产业小微企业当中，本科以及以上的人数增加指数达到了 135.13%。技术人才也明显增加。在 2018 年科技创新资源逐渐朝着小微企业方向发展。全省小微企业科技投入也明显增加。面向小微企业所开展的质量和标准提升活动，已经超过了 306 次。表 4-3 为地域方面小微企业的成长指数差异。

表 4-3　　　　　　　　浙江省小微企业地域差异统计结果

地市名称	小微企业成长指数	同比增长（%）
杭州	135.30	7.13
宁波	128.11	5.80
温州	126.72	7.12
湖州	124.96	5.50
嘉兴	126.96	9.91
绍兴	127.33	7.14
金华	128.91	3.01
衢州	125.96	4.54
舟山	120.70	5.01
台州	124.82	5.01
丽水	126.15	5.25

从地域分布的情况来看，杭州市已经多年具有首要位置，在很多方面的指数都比其他地市更高，比如核心竞争力以及贡献力指数。

2. 小微企业贷款情况调查

在 2019 年年末，浙江全省小微企业贷款户数总数为 437 万户，其中新增加了 93 万户，全省小微企业贷款额新增加了 4682 亿元。有 140 家银行等相关的金融机构选择提供小微企业贷款服务，所发布的 591 款信贷产品，共计 7591 个银行网点会提供小微企业信贷对接服务。截至 2019 年年末，在浙江省

（不含宁波）的银行业对于科技型中小微企业提供的数量有 3.66 万户，贷款余额有 5686.76 亿元，在 2019 年全年所累积发放的贷款额有 6524.63 亿元。

浙江省是蚂蚁金服的所在地，有着"近水楼台先得月"的先天优势。在 2019 年，蚂蚁金服全年为 154 万户的浙江小微客户提供服务，与上年相比增长了 60 个百分点。累计发放了 2200 亿元贷款额。不仅加大了覆盖小微企业的力度，综合贷款利率也降低了 0.8%，让普惠的目标更快实现。

2020 年以来，由于受到新冠肺炎疫情的影响。浙江省金融机构积极采取了减息免息的措施，对于小微企业而言，帮助降低融资成本压力。很多银行对于制造业等相关的小微企业，从 2 月份开始将应付贷款利息按照贷款市场报价利率（LPR）一年利率的 4.15% 执行，给予了贷款方面的基准利率优惠。

3. 融资现状分析

表 4-4 是浙江省小微企业融资现状及方式。从表 4-4 中的数据可以看出，86.6% 的小微企业会选择自筹方式获得资金，主要是自筹以及亲友借款的方式。30.0% 的小微企业会选择向商业银行贷款。12.1% 的小微企业会选择内部集资方式。有 10.3% 的小微企业选择了民间借贷的方式获取资金。

表 4-4　　　　　　　　　　小微企业融资方式分析

融资方式	占比（%）
自筹资金	86.6
银行贷款	30.3
内部集资	12.1
民间借贷	10.9
其他	10.3

4. 小微企业贷款难度大的原因分析

在具体调查当中发现小微企业贷款难度大是浙江省普遍存在的问题，就其产生的原因来看主要有以下三点。

第一，小微企业自身因素分析。其一，小微企业缺乏良好的信用观念。和大中型企业相比，小微企业信用观念不到位，信用记录一般也不完整，对于融资信用的重视程度不够，出现拖欠贷款的情况比较常见，甚至还会出现坏账情况。小微企业的诚信缺乏不仅体现在产品质量上，还体现在小微企业贷款方面。有些企业为了顺利得到贷款，会编制一些虚假的账目或者报表等，这些明显和企业的实际情况不相符合,导致商业银行对于小微企业的信赖程度逐渐降低。其二,小微企业本身的固定资产就比较少,缺少融资担保物。因为大部分小微企业的规模普遍比较小,固定资产可控抵押的比较少。厂房和机械设备有限且价格低廉,使得商业银行在发现小微企业出现道德风险之后,无法采取有效的惩罚措施,对于商业银行对小微企业贷款的审核和发放产生不利影响。很多小微企业在初期的创业阶段,企业资产属于无形资产。而对于无形资产的衡量难度比较大,商业银行几乎不看好。① 其三,小微企业管理比较落后,缺乏完善的财务制度。很多小微企业缺乏充足的管理经验,现有的企业制度不够健全,很难有效辨识和控制风险。小微企业的信息管理不够完善,容易导致信息不对称情况,难以达到金融机构制定的融资标准。小微企业自身的管理问题普遍比较大,审计程序不完善,财务状况的透明情况也比较低,银行很难对小微企业提供的财务资料准确性和真实程度进行判断,让金融机构的借贷行为难度加大。

第二,商业银行所面临的信贷风险。其一,小微企业可以提供更多样化的产品与服务,具有潜在的巨大利润。但是商业银行的目的是盈利性。小微企业的不确定性会让银行面临的风险加大。另外,小微企业的自主品牌以及营业收入都会受到经营方式、竞争市场的变化产生不利影响。考虑到这些因素,银行针对小微企业的贷款持保守态度,坚持审慎原则。其二,小微企业具有行业风险性特点。小微企业提供的服务以及生产很容易出现跟风情况,导致产品或者服务出现过剩情况。小微企业在贷款当中还很难提供质量比较高的抵押品,还会出现产业链上不同企业相互抵押的情况,一旦其中一个企业出现了问题,便会出现连环效应,导致"一损俱损"的情况。其三,小微企业社会融资让商业银行的信用风险不断加大。小微企业对于资金的需求特点具体表现为"急、短、频"。小微企业不仅会寻求银行融资,还会选择高额的社会融资,对小微企业的正常生产活动产生不利影响。在实际业务当中发现,有一些小微企业在融资当中不说真话,选择隐藏。而银行的微贷客户经

① 秦天宇. 关于提升小微企业信用风险防控能力的路径［J］. 现代金融,2019（6）.

理很难对这些存在的风险进行有效辨别。①

第三，缺乏足够的担保行业。其一，小微企业需要支付比较高的担保成本。因为缺少符合银行条件的抵押物，很难获得银行提供的贷款。小微企业便会寻找担保公司获得商业贷款。但是担保公司需要的服务费用很高，有时候还会出现变相收费，让小微企业的隐性成本增加。另外，小微企业需要寻求信用高的担保公司帮助提升企业的信用，而小微企业需要为此付出相应的交易成本。其二，担保公司为了降低自身的担保风险，还会让小微企业提供严格反担保措施。在市场调查当中发现，反担保品的流动性很明显，而且变现能力很差，需要比较高的操作成本。有不少小微企业会选择著作权、知识产权等当作反担保品。一旦小微企业出现了债务违约情况，那么无形资产便会受到很大的损失，对于担保公司的收益也会产生不利影响。

（四）小微企业贷款信用保险方案设计

1. 贷款信用保险业务主体特点分析

对于小微企业贷款信用保险方案相关内容分析之前，需要厘清小微企业提供保险业务的主体单位有哪些。第一，国家成立的具有非营利性质的信贷保险公司。第二，当前在市场上存在的保险公司内部单独设立这方面的业务。本次调查当中所采用的是市场保险公司开设的小微企业贷款信用保险业务。就第一种情况而言，国家成立针对小微企业贷款信用的保险公司，自然可以帮助稳定金融环境。但是对于国家而言，承担的风险就更大了，对于国家的宏观管理能力也会产生不良影响。而且小微企业的贷款本来就具有比较高的风险性，会让国家财政面临更大的负担。现有的保险公司提供小微企业贷款信用保险服务，主要是因为这些企业的灵活性更大，相对合理一些。②

因为小微企业贷款的风险性本来就比较高，如果目的是营利，保险费率就会很高，让银行的积极性受到抑制。若非营利，保险公司又不愿意参与。所以在业务刚开展时期需要政府部门提供政策以及资金方面的支持。还要给

---

① 黄枫，张敏. 费率市场化与企业财产保险需求 [J]. 金融研究，2014（12）：164－177.

② 吕文栋. 管理层风险偏好、风险认知对科技保险购买意愿影响的实证研究 [J]. 中国软科学，2014（7）：128－138.

提供这方面服务的保险公司给予风险方面的补贴。在发生大量风险事故时，保险公司还能够转移风险，把带来的损失控制在特定的范围之内。

2. 小微企业贷款信用保险的具体机制分析

第一，需要借款的小微企业需要向银行提出相应的贷款申请，银行开展具体调查。若符合条件可以审批，针对贷款的期限、金额和还款方式签订贷款合同。商业银行针对小微企业的贷款信用保险，提供贷款本息。确定符合条件之后，再签订保险合同。第二，商业银行在完成贷款流程后，做好后期的催收贷款工作。第三，借款小微企业需要严格按照贷款上的合同来使用资金，按照约定还款方式将商业银行的利息以及本金归还。如果小微企业不具备还款能力，商业银行把确定贷款属于损失类，再向保险公司索赔，核实后开展保险理赔。保险公司在支付了相应的赔款之后，也获得了对于小微企业的代位求偿权，事后可以追偿赔付金额（见图4-1）。

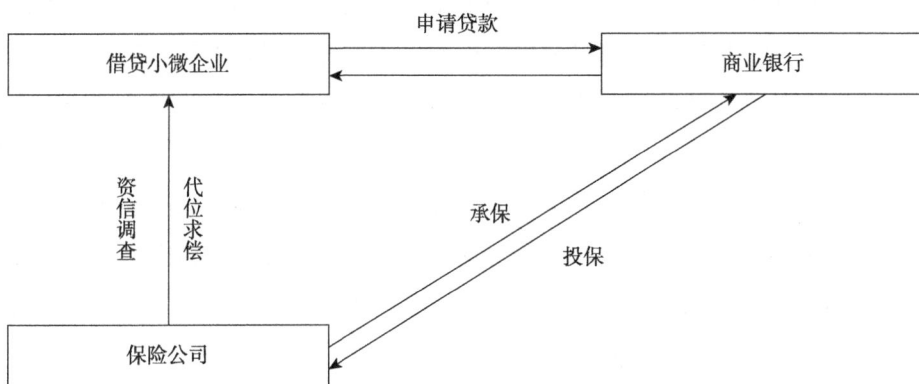

图4-1 小微企业贷款信用保险模式机制

（五）设计小微企业贷款信用保险模式具体流程

在开展小微企业贷款信用保险模式设计的过程中，需要从以下几个方面出发。

1. 确定适合保险的范围。此种保险针对的是为小微企业提供贷款服务的商业银行，银行的种类比较多，双方需要签订合法的借贷合同。这是后期提供保险服务的重要依据。

2. 确定保险的成本。在上述的商业银行当中，需要向小微企业发放贷款的本金以及利息。

3. 明确保险责任。在保险合同的有限期之内，因为确定的风险所引起的直接损失，需要按照约定来承担保险责任。若是小微企业出现政治、意外事故等，或者是企业正常生产相关商业信用风险，导致小微企业没办法承担债务和破产等，需要在确定的额度当中，由保险公司开展经济补偿。

4. 除外责任的确定。保险人不需要承担的赔偿责任主要有：商业银行对于小微企业缺少监督，导致小微企业没有按照约定来使用贷款资金；商业银行和工作人员因为人为事故带来的损失；保险和其他的损失。

5. 确定保险金额。包含保险本金和利息，规定免赔额以及承保小微企业贷款和利息的70%左右。

6. 确定保险期限，在签订合同的时候确定，通常以贷款期限作为标准。

7. 确定保险费率，结合小微企业的信用情况、贷款用途、期限等多方面的因素确定的，按照大数据以及概率论的方式来确定保险费率。还要考虑到商业银行和小微企业的承受能力。确定小微企业贷款信用保险在差别费率方面的情况。

8. 与赔偿和追偿相关的内容，贷款如果无法按期归还，保险公司可以先代垫利息还本。若出现烂账、呆账等情况，小微企业在破产清算之后，还无法归还商业银行贷款的，需要由保险公司按照规定来完成赔偿。然后保险公司获得代位权，合理合法向小微企业追偿。

9. 明确保险人以及投保人各自需要承担的义务。

（六）小微企业贷款信用保险费率模型界定与实证

1. 模型界定

从广义视角上分析，小微企业的贷款信用保险属于财产保险当中的一种。和一般财产相比，小微企业的贷款人信用风险也并非是一成不变的。因此小微企业贷款信用保险所带来的损失也是不断变动的。1997年，信用度量术被开发出来。在本次研究当中就主要采用信用度量术的方式，结合之前研究成果，得出比较适合当前我国保险公司现状的小微企业贷款费用保险费率模型。

为了成功地构建起这一模型，需要做出以下几方面的假设，分别是：

1. 宏观经济环境必须要足够稳定。

2. 确定更加完善的评级制度，小微企业每年信用等级方面的转移都需要遵循标准的马尔科夫过程。

3. 不少商业银行会对小微企业的历史数据，包含经营数据和信贷数据进行调查。小微企业的违约概率与历史违约概率是相等的。

4. 贷款期限和保险期限相等。假设评级机构把借贷小微企业划分为 n 个不同的信用等级，信用等级从 1 到 n 代表着从低到高。按照小微企业借款人信用等级方面的差异，得出保险金额的预期损失率发生情况。假设信用级别为 i 的保险金额，用 p_i' 来表示，那么可以得到：

$$\sum_{i=1}^{n} p_i' = 1$$

确定保险费率的重要前提之一是构建起转移矩阵，通过这个矩阵的构建，我们可以得到小微企业借款人在某个特定时间范围当中信用级别转移到其他信用级别的发生概率。

假设小微企业的借款人每年都可以在利息还款日顺利地偿还银行的金融机构利息。因为小微企业的信用级别是可以得到有效转移的过程。保险金额的市场价值也是在动态变化的过程。结合信用风险度量技术，在第 i 级别上，我们可以得到保险金额的具体市场价值数据：

$$Vi = \sum_{j=1}^{T} \frac{C \cdot r}{(1 + R_j + S_j)} + \frac{C}{(1 + R_T + S_T)}$$

在这个公式当中，小微企业贷款人在 i 等级情况下贷款的数值采用 Vi 来表示。保险金额与贷款利率、保险合同期限分别用 C、r、T 来表示。其中假设保险金额和贷款本金的数额相似。当小微企业的信用借款人处于第 i 级信用时第 j 年信用风险价差采用 S_j 来表示。当前在国外，这方面的指标其实主要是由咨询公司来给出来的。

计算了不同级别信用情况下保险金额的相关现值之后，按照不同信用级别得出的转移概率以及保险金额的损失概率，得到保险金额损失期望的现值。

2. 结合浙江小微企业的实证分析

因为当前我国在信用评级体系方面还存在着不完善的地方，在各个方面的制度还不够健全。小微企业所开展的信贷业务，商业银行在数据方面有一定的保密性。想要借助上述模型对浙江小微企业在贷款信用保险模式方面开展实证分析的难度还是比较大的。需要以国外的数据为基础，并且融合现有文献当中提到的一些数据，得到相对较为合理的分析结果。

假设当前我国的保险公司或者是其他的评级机构，对于小微企业的借款人评级按照标准普尔等级完成划分，主要分为8个不同的等级（见表4-5）。

表4-5　　　　　　　　　　小微企业等级划分

序号	具体等级
01	AAA
02	AA
03	A
04	BBB
05	BB
06	B
07	CCC
08	违约

假设浙江省中的1个小微科技企业，信用等级为AA级。小微企业的贷款常见的是短期贷款，期限在1年之内。但根据调查，小微企业的贷款出现了短贷长投情况，表明小微企业更希望得到长期贷款。为了避免小微企业的生产周期和短期贷款之间出现的不匹配，给企业贷款带来更大的压力。针对这一科技企业选择的贷款产品，贷款期限是3年。在当前开展与小微企业相关的主流商业银行当中，这种期限产品很多。表4-6为人民币贷款利率数据。

表4-6　　　　　　　　　　人民币贷款利率数据

项目名称	年利率（%）
短期贷款	
一年及以内	5.6
中长期	
1到5年	6.0
5年以上	6.1

这个商业银行向保险公司进行投保，假设投保的保险金额和贷款本金是相同的。以信用风险度量术为基础，确定保险费率的厘定模型，对这笔业务的费率进行计算。具体步骤为如下。

1. 对信用等级转移矩阵进行计算。该企业的信用等级最初是 AA 级，这个等级是处于动态变动过程。因此我们并不确定该企业的信用等级在 3 年之后是否还是此种状态。采用信用级别转移矩阵，结合信用等级对企业未来的信用等级情况进行全面考虑。但是由于公开的资料十分有限，即便是在官网上也很难找到具体的数据。从已经发表的期刊相关结果当中，可以得到的是 1 年之后贷款人可能所在的信用等级发生概率（见表 4 - 7）。

表 4 - 7　　　　　　　　　信用等级转移矩阵统计结果

信用等级	AAA	AA	A	BBB	BB	B	CCC	违约
AAA	90.1	8.2	0.5	0.5	0.1	0	0	0
AA	0.6	90.3	7.7	0.6	0.1	0.1	0.2	0
A	0.2	2.3	91.1	5.5	0.7	0.3	0.1	0.1
BBB	0.2	0.3	5.9	0.6	86.3	1.2	0.1	0.2
BB	0.3	0.1	0.6	0.2	7.7	8.8	1.0	1.1
B	0	0.1	0.2	0.2	0.4	83.5	4.1	5.2
CCC	0.2	0	0.2	0.2	1.3	11.3	63.8	19.5
违约	0	0	0	0	0	0	0	100

小微企业借款期限是 3 年，可以确定为借款人 3 年之后的信用等级转移矩阵。

2. 需要对小微企业借款人在不同信用级别下保险金额的现值进行计算，用 V_i 来表示。按照折算因子表以及公式可以得到现值（见表 4 - 8）。

表 4 - 8　　　　　　　　　计算得到现值结果

信用等级	第 1 年	第 2 年	第 3 年	第 4 年
AAA	3.5	4.2	4.7	5.2
AA	3.6	4.2	4.8	5.1
A	3.7	4.3	4.9	5.3
BBB	4.1	4.7	5.3	5.6
BB	5.2	6.1	6.8	7.3
B	6.1	7.1	8.1	8.5
CCC	15.1	15.1	14.1	13.6
违约	58.3	54.3	51.1	49.1

根据表4-8的数据，可以得到在不同信用等级情况下保险金额的现值为：信用等级从AAA到违约，所得到的现值分别是103.5/103.4/103.2/102.6/98.1/94.8/81.2/36.7。

除此之外，还需要得到保险金额损失概率。在我国商业银行内部评级系统当中，违约率和信用评级之间的关系是十分明确的。每个信用等级都会有专门的违约概率与此相对应。但在实际计算当中，很多数据是有保密性的。笔者没有办法获取这些数据以及相对应的损失概率和违约率。为了和之前的计算结果相互匹配，还需要进行进一步计算。表4-9为AA级借款人3年后信用级别以及损失概率的情况。

表4-9　　　　　　　　AA级借款人在3年后的信用级别和损失情况

信用等级	现值	转移概率（％）	损失概率（％）
AAA	103.5	0.15	0.05
AA	103.4	75.1	0.2
A	103.2	19.5	0.3
BBB	102.6	2.7	0.7
BB	98.1	0.4	6.2
B	94.8	0.4	15.8
CCC	81.2	0.1	31.5
违约	36.7	0.1	45.2

在市场当中利率是朝着市场化的方向发展，就商业银行的发展来看，需要按照小微企业的信用级别情况和保险公司缴纳的保险费用来决定信贷的具体水平，最终决定是否可以向小微企业发放贷款。若是风险比较高，可以和银保企业合作。当前在我国的小微企业贷款保险模式很显然只处于初期发展阶段，如果单纯依靠市场还是很难完全做到的。需要得到政府部门的大力支持，对现有的法律制度进行完善，构建起小微企业贷款信用保险公司，对保险制度进行完善。在得到资金以及国家政策方面的支持和积累了风险管理方面的经验之后，肯定可以帮助更好地发挥保险保障作用，在小微企业的发展过程中起到保驾护航的作用。

（七）改善小微企业贷款信用保险模式对策建议

1. 改进现有法律规范及政策制度

第一，对和小微企业贷款信用相关的法律规范进行不断的完善，加强立法力度，对现存的法律体系进行完善。同时还需要对小微企业贷款信用保险以及经营的范围与规则进行明确界定，制定具体的方法，还要明确各自的义务和权利。需要具体到保险的定义、标的等内容。如果内容涉及保险公司的主体内容规定，需要对小微企业贷款信用保险的财务、设置以及风险控制情况等进行分析。如果涉及相关的保险合同，还要注意到一些特殊事项。让与小微企业贷款保险现有的法律体系得到进一步的完善，也为今后开展其他保险业务奠定法律方面的基础。①

第二，政府部门需要结合小微企业的特点开设一些为小微企业提供保险服务的公司。通过法律的方式在技术、税收以及资金等方面给予优惠。还可以成立专门的保险公司，采取商业化、政策性保险等方面的办法。或者是给小微企业贷款信用保险业务的公司提供再保险的方法。总而言之，需要政府部门多发挥政策方面的组合效应，给小微企业的贷款业务发展创设出更加良好的政策条件与环境。

第三，需要不断加大金融监管的力度，对现有的监管政策进行调整。当前在我国社会当中，保险业和银行业都得到了快速发展，也会出现更多的交叉性业务。小微企业贷款信用保险业务的开展是在新的形势下产生的一种银保合作方式，存在着比较高的风险，这项业务的开展必然会带来一系列新的问题。这就要求金融监管部门需要对现有的监督管理政策进行及时调整，做好应对风险的准备工作。利率不断朝着市场化发展，金融监管部门必须基于宏观背景下开展审慎监督，相应地放开商业银行的定价权，帮助市场充分发挥具有决定性的作用。②

---

① 季昱丞，徐维军，赵琪. 科技型企业的运营决策与融资均衡：保险在其中所扮演的角色［J］. 保险研究，2018（8）：91－100，110.

② 朱铭来，吕岩，奎潮. 我国企业财产保险需求影响因素分析——基于地区面板数据的实证研究［J］. 金融研究，2010（12）：67－79.

2. 完善社会信用体系

第一，加大信用环境的治理力度，促进我国征信体系以及信用评估体系的完善。开展小微企业的保险业务，对小微企业征信体系以及信用评估体系等进行完善，让信用环境变得更加良好。由于小微企业贷款信用保险的相关保险人员自身承受风险的能力是十分有限的，若是承担了很高的赔付率，会直接影响到他们的参与积极性。所以，必须构建起更好的社会信用秩序，促进小微企业失信行为发生率的降低。在这方面可以积极借鉴国外的一些成功管理经验，比如美国的穆迪等。① 再融合我国国内小微企业的具体特点和市场环境，构建起与我国实际情况相吻合的社会信用体系。

第二，进一步健全信用约束机制，建立惩戒机制。因为我国当前对于失信行为的惩戒机制还不是十分完善，使得我国个人以及企业的失信率都处于比较高的状态。不论是个人还是企业在选择是否违约的过程中，都会考虑到违约成本和收益情况。若是违约收益比成本更高，便会选择违约；反之，便不会违约。因此，需要提升违约的成本，这样企业选择违约的可能性便会降低。另外，还要让小微企业接受道德规范内容培训，让小微企业自身的约束力不断提升。

3. 更新商业银行经营理念

当前的社会当中，需要银行树立起新的经营理念，那就是平等和合作意识理念，最终可以达到共赢的目标。当前利率市场化的发展进程不断加快，商业银行之间的竞争也变得越来越密切。小微企业的数量不断增加，将会变成商业银行在之后发展的重要目标。商业银行需要转变当前的思维，从形式上小微企业的保险费用是由商业银行来支付的，但本质上还是由小微企业来支付的。商业银行关注小微企业贷款保险相关业务的发展，不仅可以得到薄利多销方式的好处，也会增加总收益。还需要商业银行在小微企业贷款保险业务方面制定长远的发展规划，加大对银保合作的认知程度，形成深入合作的意愿。注重共享资源，开发更多样化的保险服务和产品，完成银行自身在银保合作关系当中的定位转变，促进银保共赢目标的实现。

---

① Alexander Braun and Marius Fischer, Determinants of the Demand for Political Risk Insurance: Evidence from an International Survey [J]. The Geneva Papers on Risk and Insurance - Issues and Practice, 10. 1057/s41288 - 018 - 0085 - 4, 43, 3, (397 - 419), (2018).

4. 提升保险公司后续风险管控能力

第一，提升保险公司的定价能力和风险分析技术能力。这就要求构建起与小微企业贷款信用风险评价的专门模型。针对处于不同风险阶段的企业采取不同的保险费率。具体为：第一，构建包含小微企业数据的数据库，这是保险公司确定保险费率的重要基础，还要对这些数据进行定期更新。在对小微企业综合情况进行评价时提供更加真实与客观的信息。第二，评分模型的构建，需要关注小微企业财务情况的指标特点，还要注意分析一些非财务方面的指标以及小微企业主自身的信息等。让小微企业的信用风险评价变得更加客观和全面。第三，对小微企业贷款信用保险的定价模型进行完善，让这一模型的实用性得到提升。还要加大数据的积累力度，对定价模型进行相应的完善，让定价相关研究的实用性能和准确特点都得到强化。

第二，保险公司内部的管理控制制度需要不断完善。保险公司内部要做好小微企业贷款信用业务当中的各个环节工作，如核保、承保到最后的理赔等，按照岗位分离的原则，让业务的透明度、公平性和公正性得到提升。必须要加大对小微企业贷前的调查力度，从根源上将小微企业贷款信用风险控制在可控范围之内。还可以在税务、工商等部门的合作下，建立起小微企业的信息共享平台，确保小微企业所提供的财务信息是真实有效的。

综上所述，本次研究调查了浙江省小微企业发展情况以及贷款信用保险现状，并构建起专门的贷款保险评价模型。认为给小微企业提供贷款信用保险服务的过程中，需要结合企业所处的信用等级确定具体的费率，最大限度控制风险发生率。

三、人工智能促进风险管理的应用与创新研究

（一）引言

人工智能在全球迅猛发展，相较中国在互联网金融1.0时代的全面赶超，欧洲、美国和日本率先在人工智能领域投入重金。美国高盛斥资百亿美元投入人工智能技术研究，汇丰银行投资24亿美元用于人脸识别、区块链技术开

发，日本寿险巨头富国生命保险（Fukoku Mutual Life Insurance）于 2017 年 1 月引入人工智能代替保险理赔人员。

科技赋能金融的第二轮竞争骤然而起，而金融的关键在风控，通过运用人工智能的深度学习系统，进行大量的数据分析与学习，不断完善算法与模型[1]，人工智能预期在风险管理与交易等复杂数据的处理方面，大幅降低人力成本并提升金融风控及业务处理能力。

现有文献中，国内外对于人工智能在金融领域的应用研究刚刚起步，少数作者发现了人工智能在金融风险控制领域的巨大价值但并未做深入研究。蒋韬（2017）指出，银行传统风险管理体系存在缺乏灵活性、防控手段较为落后等弊端，而大数据覆盖面广、维度丰富、实时性高和人工智能技术飞速发展，使银行风控成为大数据和人工智能的热点应用领域和方向。于孝建（2017）提出，人工智能能提升金融风险控制的效能，同时也存在程序错误、信息安全等问题，要采取有效的安全保障技术措施，并强化金融风险管理领域应用人工智能的监管。Swapnaja（2016）通过建构模型，指出金融领域，尤其是风险控制需要在关键信息缺乏的情况下制定决策，人工智能可以较人工根据以往历史信息提供更好的决策制订方案。MaUiaris A G（2015）基于决策树针对黄金投资进行了投资回报及投资风险的预测。Gadre – Patwardhan 等（2016）指出，应用在金融风险管理领域的人工智能模型主要包括神经网络、专家系统、支持向量机以及混合智能等。[2] 戴星（2017）指出语音人工智能在信审中的拟合经验应用，是以拟合逻辑决策树模型为基础[3]，这可以解决灵活场景下的风控辅助需求，大大节约模型优化的时间和坏账成本。

在新时代的大背景下，金融科技领域的发展早已与过去不尽相同，随着人工智能相关技术的应用与发展，人工智能在金融科技领域的应用越来越广泛，同时也渗透到风控、投顾等专业领域，发挥出越来越大的作用。借由网络购物起源地优势，浙江在互联网金融支付革命、交易方式变革阶段占据了

---

① 蒋韬. 大数据和人工智能视角下，银行业如何风险防控？[J]. 金融经济，2017（17）.

② MaUiaris A G, MaUiaris M. What drives gold returns? A decision tree analysiS [J]. Finance Research Letters，2015.

③ 戴星. 人工智能在金融风控中的应用探索 [J]. 中国商论，2017（5）.

先机，面对人工智能、区块链等新技术的引入，以及国际巨头和传统金融机构奋起直追之势，浙江如何在新一轮竞争中保持创新优势，尤其是保持在风控领域的领先，值得进一步研究与探讨。

（二）人工智能在金融科技领域的应用现状

人工智能是人的"听、说、读、写"几项技能在机器上的衍生，涉及信息的获取、接入、表示、处理、输出等技术，主要有语音识别与合成、图像识别、自然语言处理等。如今的金融行业已经不缺少可供人工智能进行模型训练的数据，各类机构数据、交易数据、用户数据、社交网络已经达到一个相对完备的量级，将金融知识库进行语义转换，制定相应的计算规则和学习策略，即可作为人工智能算法的输入和参数。人工智能在金融科技领域的应用是基于金融大数据，借助数据处理、数据挖掘和机器学习等技术做出预测性的决策过程。

近年来，人工智能在金融智能客服、智能投顾领域进行了深度应用，而基于相关领域的人工智能应用及基础数据的标准化采集与录入，人工智能在金融科技风控领域也展开了广泛的应用与探索。

1. 金融智能客服

智能客服是人工智能在金融科技客户服务领域进行的替代简单人工工作[1]，达成的要求有：能够读写自然语言、推断客户观点、分辨客户情绪、根据历史学习服务新客户等。

人工智能客服最早应用于通信、电子商务、物流行业，如阿里巴巴的人工智能服务机器人"店小蜜"，可完成部分店小二的工作，进行商品咨询、基于用户参数进行个性化推荐、店铺活动咨询解答、修改订单、退换货咨询等服务。当"店小蜜"遇到无法解答的问题时还能自动转人工承接。现在类似的人工智能客服也被广泛应用于金融科技行业。如京东金融的95118客服热线，95118客服热线包含自动语音、智能话务分配、语音信箱及公共坐席服务

---

① Gadre – Patwardhan S. , Katdare V. V. , Joshi M. R. . A Review of Artificially Intelligent Applications in the Financial Domain [M]. Artificial Intelligence in Financial Markets. Palgrave Macmillan UK, 2016.

功能，提供全天候 24 小时服务。除此之外，在京东金融的官网，还有一个名叫 JIMI 的智能机器人客服，能与客户进行互动交流。JIMI 是由京东自主研发，具备深度神经网络、机器学习、搜索引擎技术、自然语言处理、用户画像技术、信息抽取与知识挖掘、知识图谱构建等多种高端科技能力的智能客服机器人，同时京东金融客服团队每天都在抓取客户与人工对话的语料，然后"喂给"JIMI 这个机器人，以提供人机对话问题与答案的匹配，满足用户日常服务需求，提高用户的金融服务意向。

2. 智能投顾

伴随着金融科技概念的升级，智能投顾是"智能金融"阶段的重要角色。从金融领域来讲，智能投顾涉及资产管理、风险管理、产品设计、算法模型、系统开发等多个方面。相比传统的投资顾问，智能投顾体现出互联网技术优势，比如降低投资理财的服务费用、提高投资顾问服务的效率、信息相对透明、分散投资风险，以及规避投资人情绪化影响等。

从目前阶段来看，智能投顾主要是指"智能的投资顾问"，即通过智能投顾算法，在投资理论指导下总结大量的实践经验，运用恰当的模型，提供个性化的投资建议。目前约有 20 多家企业在针对智能投顾进行应用与探索，主要模式为：一是，国内第三方机构或金融科技公司通过海外 ETF 作为全球资产配置组合投资的模式，比如投米 RA 美元资产组合；二是，证券公司布局的智能投顾，属于券商服务升级转型的一个方向；三是，通过公募基金作为主要投资标的，囊括了非标资产等各类理财产品构建的资产配置投顾。

3. 人工智能在金融科技风控领域的应用

在未来技术不断创新变革的趋势下[①]，金融市场也越趋复杂化，纯人工的风险监控已经力不从心，人工智能可以在数据挖掘、风险监控、风险预警等方面发挥巨大作用。人工智能通过大数据挖掘、构建人工智能学习算法等手段，可以更好地对金融风险进行预测和感知，提高数据采集、处理的效率，对风险交易和违规行为做到有效监控，提升金融风险识别能力。同时，应用人工智能技术，可以有效地对企业风险进行实时跟踪预警，可以从资产状况、现金流向、

---

① 李文胜，李鑫，王静亮. 自助发卡机功能待完善 [J]. 中国金融，2017（2）.

投资关系、股东变化等诸多维度，进行实时信息汇总、分析、建模，形成企业风险评级体系对企业风险进行预警。一方面，大数据和机器学习技术给金融机构带来了技术创新；另一方面，这些新技术的应用无形中增加了技术壁垒，给无法获得这些技术底层信息的风险监管机构带来了难度，为削减这样的信息不对称，金融大数据结合人工智能技术的应用在监管层面也显得非常有必要。

借助人工智能和大数据，金融风控能力有望实现质的突破，根据网络公开资料整理，目前国内智能风控企业提供的产品与分类如表4-10所示。

表 4-10 人工智能风控企业

公司	智能风控产品	分类
邦盛金融	流失大数据毫秒级处理产品"流立方"	信用评估
极光大数据	金融反欺诈产品	反欺诈
百度金融	般若	信用评估
京东金融	"京保贝"对外开放平台	信用评估
九次方大数据	投行项目风险实时预警大数据平台等	信用评估
氪信 CreditX	"非或然引擎"自动化决策系统，个人风险评估"Xcloud"	信用评估
量化派	基于 MapReduce、Spark 框架的 BI 和数据挖掘系统	信用评估
蚂蚁金服	风控产品"蚁盾"、征信产品"芝麻信用"	信用评估
牛蛙金服	"神盾"大数据风控云平台	信用评估
品钛集团	智能决策信贷引擎"读秒"	信用评估
融360	"天机"风控系统开放数据平台	信用评估
同盾科技	反欺诈、信贷风控、核心风控工具、信息核验服务	反欺诈、信用评估
网易金融	北斗智能风控开放平台	信用评估
声扬科技	声纹识别	反欺诈
小赢科技	WinSAFE 智赢风控体系、WinAGILE 轻赢风控体系	信用评估
星桥数据	"蜂鸟"金融搜索系统、"鹰眼"大数据风控系统	信用评估
用钱宝	柯南特征工程系统、D-AI 机器学习模型、Anubis 计算架构	信用评估
元宝铺	电商贷 ECL、数贷引擎 FIDE	信用评估
智信度	智信度评分、数据、报告、策略模型产品	信用评估
宜信	小额信贷风控"致诚阿福"	信用评估
科大讯飞	科讯嘉联 AI 智能客服	贷后催收
猛犸智能	猛犸反欺诈 SaaS 平台	反欺诈

4. 贷前反欺诈

近几年互联网金融爆发式发展，行业迅速膨胀的背后，是风险的急剧增长。除了传统的信用风险之外，外部欺诈已经成为一个主要风险，甚至在一些 P2P 公司，恶意欺诈产生的损失占整体坏账的 60%。以往金融欺诈监测系统非常依赖复杂和呆板的规则，由于缺乏有效的科技手段，已无法应对日益演进的欺诈模式和欺诈技术，伪造、冒充身份等欺诈事件时有发生，给金融企业和用户造成很大经济损失。国内部分风控企业开发了贷前反欺诈系统。

如猛犸反欺诈软件即服务（SaaS）平台，应用人工智能技术构建自动的、智能的反欺诈技术和系统，帮助企业风控系统打造用户行为追踪与分析能力，建立异常特征的自动识别能力，逐步达到自主、实时地发现新的欺诈模式的目标；极光大数据提供的反欺诈服务可以从移动应用使用习惯、线下活动习惯、特定领域"互联网＋"行为习惯等多个维度对用户的风险等级进行评估，进而为金融企业的借贷行为及产品决策提供建议。

基于大数据的人工智能反欺诈机制可以将更多方面的影响因素纳入到业务风控领域，相对于从业务本身来进行模型开发和预测的传统模式，具有明显优势。一是数据种类多、数据量大，帮助企业找到风险客户的多方面行为特征，有利于发掘关联性高的因子。目前极光大数据反欺诈服务已经覆盖了3600 万户风险用户，分析了 3 亿多个风险行为，识别出超过 1700 万户的"羊毛党"用户群。二是数据引擎的挖掘和分析能力强大，机器学习技术可以实现评估模型自主学习和提升。三是数据和评估标准横跨多个行业，企业能够实时监控评估结果，可与原有风控体系互为补充，发挥协防作用。四是风控机构形成联盟，在共同开发侦测模型、欺诈名单库共享等领域密切合作，达成更好的数据分享、风险防范作用。

5. 信用评估

对以数据为核心的信用评估行业来说，人工智能给行业带来的变革是巨大的。一是在模式识别方面，主要解决交易场景中的身份识别问题，已取得了巨大成功；二是在信用分析及预测方面，主要解决客户信用的风险评估问题，目前尚在研发阶段，也有多家公司进行了尝试和探索。

6. 生物特征识别

对个人身份进行有效识别是征信机构提供信用信息服务的前提条件。人工智能在生物识别方面的应用近年取得的较大进展，主要来自大数据的机器学习，并在人工神经网络的深度学习上实现了突破。在传统商业模式中，征信机构主要通过采集消费者的证件号码和姓名对消费者身份进行识别，但以上方式方法更适合在线下、低频的交易模式中使用。对数据应用强度、频度、广度均位居各行业前列的金融业来说，互联网时代线上交易大量、频繁、小额的特征，强烈要求出现与之相适应的新的个人信用使用方式，以保证消费者信息在进行验证时的安全性和有效性均能够受到保证。

相比通过身份证号码进行识别，使用消费者个人生物特征进行验证，过程更加可靠和安全。加上互联网金融对风控的强制要求和反欺诈中对身份识别的更高要求，生物识别技术在一些新型金融机构的业务应用中已取得较好的进展。其中，如支付宝人脸识别技术，配合传统的密码、短信等安全验证手段，自带活体检测效果可有效避免以往因用户个人信息泄露造成的金融诈骗事件，为金融业的风控手段增添了强有力的武器。

7. 风险评估

无论是 P2P 还是众筹，凡涉及信用产品，无论是贷款还是债券等金融产品都离不开信用评估。国内智能风控企业大部分业务也集中在风险评估领域。信用评估通过对贷款人（个人或企业）的还款能力和还款意愿进行定性、定量分析，以帮助做出相应的风险决策判断。

互联网经济时代，金融服务会更多体现在场景模式的应用中。机器深度学习通过在大数据中寻找"模式"，在这些模式的基础上运用一定算法再次统计分析，在无须过多人工介入和人为干涉的情况下，利用分析所得预测事件结果。通过分析持续产生的越来越多的数据，构建并不断完善预测消费者行为的各种数学模型，在此基础上进一步生成"深度"计算模型，如此不断深化及复杂化学习结果，从而使预测结果越来越趋近现实情况的演变。

如百度金融，百度与美国金融科技公司 ZestFinance 合作推出"般若"大数据风控平台，通过研究分析搜索方式和网页浏览习惯等 21 种不同因素，甚至通过客户买衣服的行为模型做出是否向其发放小额贷款的决定；通过 Zest，百度可以找出赌博以及访问违禁品销售网站或刺激营销网站等高风险的网络行为，从而识别违约风险较高的客户。

8. 智能催收

催收是金融风控体系的贷后管理环节，也是广受诟病、占用大量人工成本的环节，在传统催收模式下暴露出人力耗费大、方式粗暴骇人、信息泄露严重等问题。与此不同的是，美国拥有已发展200多年的成熟的金融体系和信用环境，催收仍然存在市场并孕育了两家在纳斯达克上市的公司，在美国，催收是劳动密度低、科技含量高的行业。在逾期催收中，人工智能起到的作用将更多是预判，实现贷后跟踪。提前防范主观赖账甚至谋划诈骗的客户，同时服务并保留债务状况良好的客户。国内目前也有几家企业开始了智能催收的尝试。

如捷通华声研发出一款智能外呼机器人，可依据严密的业务逻辑完成信息验核、还款通知、催收警告等任务，并且能将客户与机器人的通话全文转写，为追款提供结构化数据线索。快催收平台则在电话催收系统中添加声纹识别系统，一旦发现有辱骂现象，电话便自动断掉，以维护用户体验。科大讯飞产业生态系统中的科讯嘉联 AI 智能客服，电催电话问候音是声音柔和的女音，语音语调十分自然，令人分辨不出是真人还是机器；在其后的对话过程中，不论是停顿的时长还是反馈的信息，都十分自然，并且能对客户的回应及时做出话术反应。据了解，捷信、苏宁消费金融等消费金融机构已与其进行了合作，效果显著，逾期0～10天数据的催收效果和人工基本持平。

（三）人工智能背景下金融科技风控面临的挑战

人工智能的发展在金融科技风险管理领域虽然取得了显著的进展，但仍然是金融信息化应用的薄弱环节，主要反映出以下问题和挑战。

1. 技术失控风险

人工智能技术跟人脑思考方式有很多不同。人脑是依赖推理和演绎的思考路径；而人工智能关注的是相关性；还有一些算法，如多层神经网络，复杂度超过人脑理解范围。如果失控，人根本没有办法了解其内在运行机制是什么。在金融风险管理领域，人工智能应用同样也存在失控风险，虽然这一风险的发生概率相对较低，但却无法彻底消除。内部技术失误或是外部因素刺激都可能会使人工智能失控。如果技术出现失控，反倒给金融服务带来更大风险，人类是否有能力控制并纠正，值得进一步思考。

2. 核心技术薄弱

中国在人工智能领域的技术发展与市场应用已进入了国际上前沿发展国家群体，但中国的优势领域主要体现在应用方面，而在人工智能核心技术领域（如硬件和算法）力量依然十分薄弱。麦肯锡的报告《人工智能的未来之路》指出，中国在核心算法领域远远落后于英美同行的一个主要原因就是缺乏顶级的人才。牛津大学的报告《解密中国 AI 梦》比较了中美在硬件、数据、算法和商业系统等四个方面的能力，中国只有在数据这一项有明显优势，而综合 AI 潜力指数只有美国的一半。

3. 隐私与安全

网络空间的虚拟性，使得个人数据更易于收集与分享，极大地便利了身份信息、健康状态、消费记录、信用记录、位置活动等信息的储存、分析和交易，与此同时，人们却很难追踪个人数据隐私泄露的途径和程度。人工智能的普遍使用使得"人机关系"发生了趋势性的改变，可能存在一系列潜在风险。与人们容易忽略的"信息泄露"不同，人工智能技术也可能被少数别有用心的人有目的地用于欺诈等犯罪行为，如基于不当手段获取的个人信息形成"数据画像"，并通过社交软件等冒充熟人进行诈骗。部分商业银行所采用的自助发卡机，其对个人客户身份信息的采集不符合反洗钱有关法律法规的要求（李文胜等，2017）。

4. 金融监管难度增加

人工智能的应用与发展，改变了传统金融业务的行为模式和业务流程，给金融监管带来了新的挑战。在现有金融监管体系下，较难实现对人工智能赋能的金融相关业务进行有效监管：一方面，人工智能本身的学习、决策机制所产生的行为无法追溯，这就对人工智能行为的监管带来困难；另一方面，一旦人工智能应用发生问题，其责任主体很难界定，后续处理成本也比较高。

5. 人才结构变化

人工智能在金融科技风险管理领域的应用，替代了大量传统的基础岗位人力操作，如信贷评级、信贷风险分析等，对金融科技人才结构提出了新的要求。可以预见，随着人工智能的深度应用与推广，将会改变金融风险管理领域的就业结构，目前金融科技行业已出现一将难求的局面，随着人工智能在专业类岗位的渗透和应用，这将会对金融系统的人力资源配置格局和就业稳定性带来巨大影响。

6. 社会公平

随着人工智能研发与应用的突飞猛进，一系列的价值难题也逐渐呈现在人们面前。目前还有大量不会上网、或者由于客观条件无法使用互联网的人群，被定义为互联网时代的"边缘人"，而人工智能对人们的文化水平、信息技术处理水平有了更高的要求。人工智能越发达，信息鸿沟就越深，进而演变成服务鸿沟、福利鸿沟等，在人工智能时代，有可能导致"边缘人"越来越难享受到便捷的智能信息服务，也更不易获得紧缺的服务资源，进一步导致金融资源分配的不均衡，违背普惠金融、智慧金融的初衷。

（四）金融科技风控领域运用人工智能对策建议

人工智能为金融科技领域带来很多发展机遇，同时也带来新的挑战，会使得监管的对象变得更加复杂化，对于违法违规很难判定，智能代理的方式也增加了监管的难度，责任主体无法准确定位。因此，在今后的应用当中，金融科技系统需要正确认识人工智能，完善人工智能在金融领域的应用体系，采取相应的安全技术措施、人力资源管理措施，加快构建人工智能在金融科技领域应用的监管安排。尤其地方政府，应放眼全球，从国际角度谨慎推进人工智能在金融科技领域的应用与创新，巩固金融科技发展优势。

1. 积极推进人工智能基础核心技术研究

斯坦福大学的《AI指数2017》指出，学术活动是推动美国人工智能产业早期稳步发展的主要推动力量。建议地方政府组织高端学术活动，推动原创性、突破性、标志性的研究成果，特别是基础研究成果，学术活动、专利、国际合作和产学研合作，打造扎实的核心技术研究基础。尤其是人工智能创造力和杀伤力并存，务必在关键环节设置强大的风控程序，对重要的业务节点、关键参数、交易合理性、合规风险在充分理解的基础上再进行推广应用。

2. 强化人工智能风控人才的引进与培养

技术的进步离不开人才的培养。建议地方政府从引进与本地培养两方面着手，结合地方政府金融科技发展规划，建立多层次的人才引进与培养机制。从技术人员的角度对人工智能的整体功能和布局进行有效把控，防范未知风险。如引进国际一流人工智能人才，同时鼓励本地高校、社会组织等有针对性地进行多层次的人才培养和培育，将核心技术掌握在自己手里，更加客观、理性地运用新技术。

3. 完善基础信息资源建设

金融科技风控建立在大量的数据资源上，和数据相关的行业的良性发展，一是要求数据本身的真实可靠和准确，数据的实时性和质量也非常重要。建议地方政府积极构建信息资源共享平台，企业要坚决抵制黑产数据，重视外部合法数据源价值挖掘的合作。二是，在个人金融信用体系建立数据模型、进行智能风险评估的智能化系统这项工作上，建议地方政府引导有研发实力和数据推理能力机构的加大投入和关注，这样才能在金融系统解决最基础的信用体系问题，让金融机构的信用损失降到最低，效率更高。

4. 注重金融科技消费者权益保护

数字资源在人工智能时代发挥更大作用的同时，也面临着被贩卖、泄露的风险，金融科技消费者的权益未能得到有效保护。建议地方政府积极探索消费者权益保护的途径和方式，结合互联网法院等新兴渠道，建立多层次、多方位的消费者权益保护途径，提供更丰富、便捷的维权渠道[1]。

5. 创新金融科技领域的监管科技

新技术的广泛应用带来新的监管难题，如责任主体难以划分、监管对象复杂化等问题。建议地方政府积极采纳新的监管科技，在严密防范风险与积极支持金融创新中取得平衡。首先是监管方式要创新。互联网金融的风险传导广、快，靠传统金融监管的做法，比如定期报表、现场检查等，效果就会打折扣。因此，需要考虑将数字技术运用到金融监管上来。比如，考虑将监管信息系统和互联网金融公司的数据库直接对接，监管部门可以实时监测运

---

① 车宁．新科技再造新征信［J］．金融博览，2018（8）：45－48.

行状况，分析金融风险。在支持创新层面，借鉴"监管沙盒"的做法，监管部门给金融科技公司发放有限的牌照，允许创新，如果成功，可以发放完全牌照并推广到全行业。如果不成功，就取消牌照。[1]

6. 扩大人工智能教育和应用的普及

人工智能的发展与应用非常迅速，建议地方政府通过行业协会等，扩大人工智能教育和应用的普及，引导社会群体对人工智能的正确认识，避免对于人工智能的夸大性宣传与误解，为金融科技企业推动人工智能发展奠定良好的市场基础，提高人工智能在金融科技领域的应用效率，同时避免互联网金融1.0时代普遍性风险的爆发，充分发挥人工智能的作用，创造更好的商业价值和社会价值。

四、消费金融风险管理探讨

随着我国信息科技的不断发展和互联网时代的到来，互联网消费金融现象已经越来越多，人们更多地依赖于互联网平台进行金融业务的处理，从而改变了人们的生活方式。互联网消费金融崭露头角，成为人们在传统金融机构以外解决短期、小额资金借贷的重要途径。但随着校园贷、现金贷等恶性负面事件的爆发，互联网消费金融的风险管理成为制约行业发展的关键因素。

在互联网金融高歌猛进快速发展的大背景下，互联网消费金融也已经得到了快速稳定的发展，但是互联网消费金融本身存在着一定的特殊性，而且由于影响互联网消费金融的风险因素相对较多，这就需要做好互联网消费金融的风险管理工作，才能够及时地消除互联网消费金融风险，实现互联网消费金融的进一步快速稳定发展。

（一）互联网消费金融模式的概念

互联网消费金融，是以互联网技术为媒介向消费者提供的信用金融服务，

---

[1] 王岱. 探索"金融科技"的浙江路径［J］. 浙江经济，2018（10）：42-43.

相较于传统的线下消费金融，互联网消费金融更加快捷、分散和小额。但是，互联网消费金融在给人们带来便捷服务的同时，也存在着一定的风险和隐患。尤其消费金融行为经过互联网化和信息化的放大，金融市场的风险爆发系数也随之加大。

当下存在的互联网消费金融模式主要包括以下几种模式。

1. "电商消费贷"模式

"电商消费贷"是互联网消费金融最先采用的模式，主要指在电商平台先购物、再还款的模式。该种模式由线下信用卡消费演化而来。"电商消费贷"模式按照电商类型又可以分成两类，一类是电商模式，指在传动电商平台的基础上开展消费金融业务，主要代表产品如"京东白条""花呗"等。另一类是分期商城模式，由消费金融平台自建分期商城，并提供消费金融服务，主要代表产品如"趣店"。

消费贷模式是符合消费金融本质的，随着线上消费的规模持续增加，和客户超前消费习惯的养成，未来电商消费贷模式应用场景将越来越多，或成为电商标配功能，大的电商品牌自己提供消费金融产品，小的电商平台可以联合持牌机构提供消费金融产品。

2. "现金贷"模式

"现金贷"模式是当前最为流行的消费金融模式，因为它无须场景依托，所以很容易扩大规模，"现金贷模式"的核心大数据风控，流程也较为简单，客户只需要提供客户基本信息，信贷机构就可以通过风控系统识别出客户质量。部分信贷产品要求提供房产证明、车产证明及其他资产证明等，作为其增信方式，由于信贷机构无法控制这些资产，所以其本质上仍是现金贷，不属于质押贷或抵押贷范畴。在"现金贷"模式的发展过程中，出现了一些去风控及违规的产品，比如"714高炮""套路贷"等，此类产品一般由非持牌机构提供，也是监管机构重点打击对象。

现金贷由于无法控制客户资金使用用途，风险相对较高，为了控制风险，部分信贷机构也采取了一些过激的催收手段，甚至违规发放信贷产品，带来一定不良社会影响，从2017年下半年开始现金贷整顿，至今涉嫌违规的现金贷机构基本已清理完毕。由于目前消费类贷款产品无法满足客户需求场景，所以现金贷模式仍将长期持续存在，不过监管将会越来越严。

3. 信用卡余额代偿模式

信用卡余额代偿是指信用卡持卡人通过在第三方机构申请贷款的方式一次结清信用卡账单，再分期还款给金融机构，开展信用卡余额代偿的第三方机构主要包括互联网金融平台和商业银行。信用卡余额代偿可以说是一种特殊的消费贷，其消费的产品是信用卡应偿余额，从监管的角度来看，信用卡余额代偿有"以贷养贷"的特征。我国信用卡余额代偿的商业逻辑包含两个方面，一是我国信用卡分期普遍在年化 18.25% 左右，对于优质用户，为其提供低于年化 18.25% 的分期费率，仍可以获取获利；二是信用卡余额代偿可以满足临时性资金周转需求，避免信用卡逾期。信用卡余额代偿业务在 2016 年、2017 年迅速扩张，从 2017 年下半年开始从事信用卡余额代偿业务的维信金科、萨摩耶金服、小赢科技纷纷在大陆境外上市。

信用卡余额代偿发展空间主要受信用卡应偿余额影响，2019 年全国信用卡应偿余额增幅为 10.7%，连续两年增速下滑，随着信用卡应偿余额增长趋势的下降，信用卡余额代偿业务规模空间逐渐见顶。

4. 质押贷模式

质押贷是指借款人将动产或某种权利质押给贷款人来获取贷款的方式，质押物一般为银行存单、股票、保单等有价证券。目前通过互联网方式质押贷款的主要是保单贷款，并非所有的保单都能够申请质押借款，只有具有现金价值的保单才可以，如超过 1 年的寿险保单，而一般的意外险、医疗保险保单则不能申请质押，保单质押的贷款比例一般不超过保单现金价值的 90%，贷款期限一般不超过 6 个月。

随着越来越多的有价证券电子化，未来将有越来越多的有价证券可以申请质押贷款，比如理财产品质押贷款、虚拟货币质押贷款等，由于持有有价证券与贷款需求相互违背，所以很难出现爆发式增长。

5. O2O 场景贷模式

O2O 场景贷本质上是消费贷，只是其消费行为是在线下，比如线下买车、装修、参加教育培训时，通过合作机构申请贷款。

O2O 场景贷主要取决于贷款机构与线下消费机构的合作，目前仍存在一定发展空间，但随着线下机构销售行为的互联网化，部分 O2O 场景贷款将会转入线上消费贷款模式。

（二）互联网消费金融风险因素

经过调查研究发现，当下影响到互联网消费金融本身发展的因素主要包括以下几个方面。

首先，技术风险。由于互联网消费金融建立在互联网的基础之上，互联网相关的技术风险都会波及互联网消费金融领域。基于互联网消费金融对于大数据的依赖，有些平台仅仅具备手机端、缺乏网站平台备案等现象，互联网技术风险决定着互联网消费金融最终的发展。例如，互联网消费金融的业务接收、信用调查、贷后控制基本上都是依赖于互联网平台，信用过程中大量地使用网络手段和网络信息，其中涉及互联网平台的网络安全体系、大数据分析体系、客户资源库建设体系等多个互联网构建元素以及技术风险。

其次，市场风险。在互联网消费金融发展的过程当中，由于其门槛相对较低，导致很多小型企业蜂拥而至，这样虽然造成了市场繁荣的现象，但是也会造成市场混乱。比如，当下各类互联网金融消费公司的涌现，相关产品定位定价不一，操作相对不规范，而产品创新存在漏洞等问题，使得互联网消费金融产品本身的公信力受到了一定的影响，这样也会造成互联网消费金融市场进一步走向萎靡，影响到互联网消费金融的快速稳定发展。

再次，信用风险。互联网消费金融应用了大数据等新技术手段对于客户的风险进行识别及管控，但是由于国内个人征信体系的不完善，同时互联网消费金融涉及的金额小、人群分散，贷后管理成本非常高，一般由无抵押的信用贷构成，可能由于几笔小的违约，形成一系列的连锁反应，从而影响互联网消费金融的发展并引发整体信用风险。

最后，缺乏有效的监管。互联网消费金融出现时间短，发展迅速，针对传统消费金融的监管不适用，新业态的监管处于摸索阶段，还未形成系统成熟的监管方式，造成互联网消费金融风险事件频发。例如，有些分期购物平台声称无利率，但通过各种名目繁多的服务费进行额外收费，消费者无法有效维权；个人信息泄露、被盗，消费者举证、维权也没有明确规定。

（三） 互联网消费金融风险管理策略

针对当下互联网发展消费金融存在着一系列的风险因素，应该采取有效的规避举措，具体来说包括以下几个方面。

第一，从消费场景入手，做好客户风险管控工作。互联网消费金融使得传统的消费金融更加多元化、碎片化，新型的消费金融场景不断出现，比如3C贷、养老贷、留学贷、医疗贷等，互联网消费金融可结合消费场景筛选融资者，从源头上规避恶意骗贷等行为。同时对现有大数据资源进行深入的分析，通过创建一个多元化的平台数据，做好贷款评估工作，尤其是要提高新一代客户门槛，从而选择一些优质的客户，对客户的资信等级进行分级，有效地提高对客户的风险管理。

第二，要加强对平台技术的风险的攻关。为了进一步降低我国互联网消费金融平台技术的风险，一方面应该采取自我防御的方式，通过安装防火墙等方法来有效地减少病毒的入侵，同时要做好计算机服务器以及相关硬件设施的维护，避免出现意外事故造成信息的丢失。对互联网消费金融行业进行网络化的管理。通过开展网络安全工程，进一步提高互联网消费金融企业发展的网络安全性。尤其是针对平台的技术风险设置相关的技术人员，有效地降低互联网消费的风险。另一方面加大对现有人才的培训，尤其是技术培训，能够熟练地操作各种计算机互联网的自我防御软件，能够及时地进行病毒查找等功能，并且提高操作的规范性，确保信息不泄露的同时，也可以避免外人的恶意访问，提高互联网消费金融的安全性。

第三，做好互联网消费金融培训及引导工作。互联网消费金融的参与主体相对缺乏金融基础知识、风险意识薄弱，基于此特点，应做好互联网消费金融培训及引导工作。一方面，要加强客户的风险教育，让客户提高对互联网消费金融风险及基础知识的了解；另一方面，通过对企业、从业人员的培训，提高行业整体金融素养及风险意识，促进行业的规范有序发展。

第四，要优化政府的监管方式。互联网消费金融属于新兴业态，国家需在消费金融相关监管政策的基础上，了解新技术新业态的发展与变化，积极运用新技术手段管理新矛盾、新问题。通过建立准入门槛、明确经营范围来确保行业风险可控；同时可借鉴银行高管人员管理办法，提高互联网消费金融管理人员管理制度，保障互联网消费金融的运营管理水平和质量。

互联网消费金融本身依赖于互联网，因此其发展相对较为迅速，在快速发展过程中暴露出一些风险与问题，如技术风险、信用风险、市场风险等，为推动互联网消费金融平稳健康发展，互联网消费金融的风险管理工作应该结合消费场景，加强对客户的风险管理，加强对平台技术风险进行有效管控，同时积极普及互联网消费金融教育及培训，政府优化监管方式加大监督监管力度，保障互联网消费金融的健康发展和抗风险能力。

附录　科技金融政策索引

附录一　科技金融大事记[①]

2017 年 3 月 28 日	为实施"科技型中小企业成长路线图计划 2.0"，由科技部火炬中心、深交所、天津滨海高新区共建的天津科技金融路演中心揭牌启动；2017 年 4 月 12 日，由科技部火炬中心和深圳证券交易所共同支持指导，在"科技型中小企业成长路线图计划 2.0"框架下成立的"燃石星火"创投联盟（以下简称"联盟"）在深交所正式启动，深创投、红杉资本、北极光创投、IDG 等 20 家知名创投机构作为首批机构加入，旨在更好地支持和服务创业投资，推动创投行业和创投机构健康发展，同时强化创投机构之间的资源共享和信息交流。科技部火炬中心张志宏主任、深交所王建军总经理出席会议并讲话
2017 年 5 月 8 日	全国首单"双创债"（创新创业债）由成都高新投资集团正式发行。该债券为非公开定向发行，规模为 10 亿元人民币，期限为五年，由成都高新投资集团有限公司作为发行人、国家开发银行为主承销商、成都银行作为联席主承销商发行，主要用于生物医药与新一代信息技术孵化园建设、支持"双创"企业发展等。作为西部首个国家自主创新示范区、全国首批促进科技与金融试点地区，成都高新区一直在持续探索和构建更完善的科技金融服务体系。此次"双创债"的发行，将有效补充成都高新区双创工作的造血功能，为成都高新区建设拓展融资渠道提供了一条新路径
2017 年 5 月 16 日	中央企业国创投资引导基金在北京宣告创立。该基金由航天投资控股有限公司代表中国航天科技集团公司联合中国中车集团、国新国际、中国保险投资基金、中国工商银行、中国邮政储蓄银行、上海浦东发展银行和北京市政府等发起设立，总规模达 1500 亿元，首期规模 1139 亿元。国务院国资委主任肖亚庆、副主任徐福顺及有关司局的负责同志，国家发展改革委、科技部、财政部、国防科工局、证监会等部委和北京市政府的有关负责同志，国创基金合伙人单位负责人，以及相关中央企业的负责同志参加了基金创立大会。国创基金旨在增强中央企业的科技创新能力，突破关键核心技术，培育世界一流企业；发展壮大战略性新兴产业，培育发展新动能；推动中央企业间、中央企业与其他主体间的协同创新

[①]　统计时间为 2017 年 1 月 1 日至 2021 年 10 月 31 日。

续表

2017 年 6 月 17 日	2017（第十九届）中国风险投资论坛在广州开幕。中共中央政治局委员、广东省委原书记胡春华宣布论坛开幕并会见出席论坛的嘉宾。全国人大常委会副委员长、民建中央主席陈昌智，全国政协副主席、时任科技部部长万钢，广东省省长马兴瑞出席开幕式并讲话。万钢表示，党的十八大以来，党中央、国务院深入实施创新驱动发展战略，把科技创新作为提高社会生产力和综合国力的战略支撑，摆在国家发展全局的核心位置，加快推动我国从科技大国向科技强国迈进。近年来，我国积极推进科技创新资源的配置方式改革，推动产业链、创新链、资金链深度融合，形成了多元化、多层次、多渠道的科技投入体制，为发展科技创新型国家打下了基础。下一步，要通过不断优化创业投资政策环境，加强创新供给服务和引导行业发展，支持企业改革和规范运作，通过政府基金更好地引导市场，不断提高科技创新能力
2017 年 6 月 17 日	科技部与广东省政府在广州签署部省联动组织实施国家重点研发计划"宽带通信和新型网络"重点专项框架协议。中共中央政治局委员、广东省委原书记胡春华，全国政协副主席、时任科技部部长万钢见证了双方签约。根据框架协议，科技部和广东省政府将本着"国家主导、部省联动，需求牵引、聚焦重大，规范高效、开放融合"的原则，从 2018 年至 2022 年，联动组织实施国家重点研发计划"宽带通信和新型网络"重点专项。双方将探索建立部省共同出资、共同组织实施国家重大研发任务的新机制，促进重大科技成果在广东转化落地，推动广东建立具有国际竞争力的现代产业技术体系
2017 年 9 月 27 日	科技部资源配置和管理司公示了 2017 年度首批国家科技成果转化引导基金拟设立创业投资子基金名单。2018 年 1 月 15 日，国家科技成果转化引导基金 2017 年度设立了中投建华（湖南）创业投资合伙企业（有限合伙）、上海绿色技术创业投资中心（有限合伙）、马鞍山支点科技成果转化一号投资管理中心（有限合伙）、江苏毅达成果创新创业投资基金（有限合伙）、上海沃燕创业投资合伙企业（有限合伙）、青海汇富科技成果转化投资基金（有限合伙）6 只创业投资子基金
2017 年 12 月 27 日	中国保监会发布《关于保险资金设立股权投资计划有关事项的通知》，为贯彻落实全国金融工作会议精神，规范保险资产管理机构股权投资计划设立业务，切实防范保险资金以通道、名股实债等方式变相抬高实体企业融资成本，避免保险机构通过股权投资计划直接或间接违规增加地方政府债务规模，更好地发挥保险资金服务实体经济的作用做出相关规定
2018 年 5 月 14 日	2018 年 5 月 14 日，财政部、税务总局发布《关于创业投资企业和天使投资个人有关税收政策的通知》（财税〔2018〕55 号）。将对符合条件的创业投资给予投资额 70%税前扣除的税收试点优惠政策由试点地区推广至全国，为进一步支持创业投资发展提供政策保障

续表

2018 年 7 月 27 日	2018 年 7 月 27 日，国家科技成果转化投资峰会在北京召开。峰会以"服务国家创新战略，聚焦科技成果转化"为主题，旨在进一步贯彻落实国家创新驱动发展战略，集聚社会力量推动关键核心技术成果产业化，促进经济社会高质量发展。黄卫副部长指出，科技部将与国投集团在关键核心技术自主创新、基金合作、科技成果应用示范、发展科技服务业等方面加强合作，聚集更多的金融资源和社会资本，在关键核心领域突破和成果转化方面扩大投资规模，加大投资力度，发挥对科技创新领域投资的示范引领作用
2019 年 6 月	2019 年 6 月，为落实《金融科技（FinTech）发展规划（2019—2021 年）》，中国人民银行率先在北京启动金融科技创新监管试点。截至 2021 年 9 月 24 日，该项试点在全国已累计公示 119 个创新应用，其中北京已公示了 22 个创新应用。中国版"监管沙盒"，成为我国创新监管工具的一项重要实践。首批三个创新应用分别是中国工商银行的"基于物联网的物品溯源认证管理与供应链金融"、中国银行的"基于区块链的产业金融服务"和中信百信银行的"AIBank Inside 产品"
2020 年 2 月 21 日	2020 年 2 月 21 日，财政部出台了《关于加强政府投资基金管理，提高财政出资效益的通知》。该通知从强化政府预算的约束、提高资金使用效率、全面的绩效管理和退出管理等方面提出了更高要求
2020 年 5 月 7 日	2020 年 5 月 7 日，《全球创投风投行业白皮书（2021）》（以下简称白皮书）正式发布。数据显示，2020 年全球创投风投市场累计投资总金额为 3130 亿美元，同比增长 7% 左右

附录二　相关政策摘录

顶层设计		
文件	发文单位	主要内容
《关于促进分享经济发展的指导性意见》（发改高技〔2017〕1245 号）	国家发展改革委、中央网信办、工业和信息化部、人力资源社会保障部、税务总局、工商总局、质检总局、国家统计局	为进一步营造公平规范的市场环境，促进分享经济更好更快发展，充分发挥分享经济在经济社会发展中的生力军作用提供了指导性意见
《关于国有资本加大对公益性行业投入的指导意见》（财建〔2017〕743 号）	财政部	对七种国有资本加大对公益性行业投入的主要形式做了规定
《关于全面推进金融业综合统计工作的意见》（国办发〔2018〕18 号）	国务院办公厅	加快推进金融业综合统计，是有效监测金融服务实体经济成效、提高服务效率的关键信息基础，是前瞻性防范化解系统性金融风险、维护金融稳定的迫切需要，是全面深化金融体制改革、建立现代金融体系的重要举措

文件	发文单位	主要内容
《关于进一步推进中央企业创新发展的意见》（国科发资〔2018〕19号）	科技部、国资委	主要目标是建立特色鲜明、要素集聚、活力迸发的中央企业创新体系；突破一批核心关键技术，在若干重点产业领域形成一批具有国际影响力和竞争力的创新型中央企业；取得一批对国家经济社会发展具有重要作用的创新成果，推动高质量发展，为我国建成创新型国家和现代化经济体系提供强有力的支撑
《关于推动民营企业创新发展的指导意见》（国科发资〔2018〕45号）	科技部、全国工商联	针对民营中小微企业"融资难、融资贵"问题，发展完善科技金融，形成科技创新与创业投资基金、银行信贷、融资担保、科技保险等各种金融方式深度结合的模式和机制，为民营中小微企业营造良好的投融资环境。鼓励有影响、有实力的民营金融机构，通过设立创业投资基金、投贷联动、设立服务平台开展科技金融服务等方式，为民营中小微企业提供投融资支持
《关于进一步深化小微企业金融服务的意见》（银发〔2018〕162号）	中国人民银行、中国银行保险监督管理委员会、中国证券监督管理委员会、国家发展改革委、财政部	为改进小微企业等实体经济金融服务、推进降低小微企业融资成本的部署要求，强化考核激励，优化信贷结构，引导金融机构将更多资金投向小微企业等经济社会重点领域和薄弱环节，支持新动能培育和稳增长、保就业、促转型，加快大众创业、万众创新，提出二十三条意见
《关于完善国有金融资本管理的指导意见》	中共中央、国务院	提出了完善国有金融资本管理体制、优化国有金融资本配置格局、明确国有金融资本出资人职责、加强国有金融资本统一管理、明晰国有金融机构的权利与责任、以管理资本为主、加强资产管理、防范国有金融资本流失等相关具体意见
《关于推广支持创新相关改革举措的通知》（国办发〔2017〕80号）	国务院办公厅	推广3项科技金融创新、5项创新创业政策环境改革、2项外籍人才引进改革、3项军民融合创新改革

财税引导		
文件	发文单位	主要内容
《关于提高科技型中小企业研究开发费用税前加计扣除比例的通知》（财税〔2017〕34 号）	财政部、税务总局、科技部	为进一步激励中小企业加大研发投入，支持科技创新，通知就提高科技型中小企业研究开发费用税前加计扣除比例有关问题做了规定
《关于创业投资企业和天使投资个人有关税收试点政策的通知》（财税〔2017〕38 号）	财政部、税务总局	通知从税收试点政策、相关政策条件、管理事项及管理要求、执行时间及试点地区四个方面做了具体说明
《关于扩大小型微利企业所得税优惠政策范围的通知》（财税〔2017〕43 号）	财政部、税务总局	将小型微利企业的年应纳税所得额上限由 30 万元提高至 50 万元，对年中纳税所得额低于 50 万元（含 50 万元）的小型微利企业，其所得减按 50% 计入应纳税所得额，按 20% 的税率缴纳企业所得税
《关于资管产品增值税有关问题的通知》（财税〔2017〕56 号）	财政部、税务总局	对资管产品在 2018 年 1 月 1 日前运营过程中发生的增值税应税行为，未缴纳增值税的，不再缴纳；已缴纳增值税的，已纳税额从资管产品管理人以后月份的增值税应纳税额中抵减
《关于将技术先进型服务企业所得税政策推广至全国实施的通知》（财税〔2017〕79 号）	财政部、税务总局、商务部、科技部、国家发展改革委	自 2017 年 1 月 1 日起，在全国范围内实行以下企业所得税优惠政策：对经认定的技术先进型服务企业，减按 15% 的税率征收企业所得税；经认定的技术先进型服务企业发生的职工教育经费支出，不超过工资薪金总额 8% 的部分，准予在计算应纳税所得额时扣除；超过部分，准予在以后纳税年度结转扣除
《科技型中小企业评价办法》（国科发政〔2017〕115 号）	科技部、财政部、国家税务总局	办法分为总则、评价指标、信息填报与登记入库、附则四个部分
《关于进一步做好企业研发费用加计扣除政策落实工作的通知》（国科发政〔2017〕211 号）	科技部、财政部、国家税务总局	为贯彻落实国务院关于"简政放权、放管结合、优化服务"的要求，强化政策服务，降低纳税人风险，增强企业获得感，根据《关于完善研究开发费用税前加计扣除政策的通知》（财税〔2015〕119 号）的有关规定，引导企业规范研发项目管理和费用归集，确保政策落实、落细、落地

续表

文件	发文单位	主要内容
《关于将服务贸易创新发展试点地区技术先进型服务企业所得税政策推广至全国实施的通知》（财税〔2018〕44号）	财政部、税务总局、商务部、科技部、国家发展改革委	为进一步推动服务贸易创新发展，优化外贸结构，自2018年1月1日起，对经认定的技术先进型服务企业（服务贸易类），减按15%的税率征收企业所得税
《关于企业职工教育经费税前扣除政策的通知》（财税〔2018〕51号）	财政部、税务总局	为鼓励企业加大职工教育投入，现就企业发生的职工教育经费支出，不超过工资薪金总额8%的部分，准予在计算企业所得税应纳税所得额时扣除；超过部分，准予在以后纳税年度结转扣除
《关于设备器具扣除有关企业所得税政策的通知》（财税〔2018〕54号）	财政部、税务总局	企业在2018年1月1日至2020年12月31日期间新购进的设备器具，单位价值不超过500万元的，允许一次性计入当期成本费用在计算应纳税所得额时扣除，不再分年度计算折旧；单位价值超过500万元的，仍按企业所得税法实施条例、《财政部　国家税务总局关于完善固定资产加速折旧企业所得税政策的通知》（财税〔2014〕75号）、《财政部　国家税务总局关于进一步完善固定资产加速折旧企业所得税政策的通知》（财税〔2015〕106号）等相关规定执行
《关于创业投资企业和天使投资个人有关税收政策的通知》（财税〔2018〕55号）	财政部、税务总局	为进一步支持创业投资发展，《财政部　税务总局关于创业投资企业和天使投资个人有关税收试点政策的通知》（财税〔2017〕38号）自2018年7月1日起废止，符合试点政策条件的投资额可按本通知的规定继续抵扣
《关于科技人员取得职务科技成果转化现金奖励有关个人所得税政策的通知》（财税〔2018〕58号）	财政部、税务总局、科技部	为进一步支持国家大众创业、万众创新战略的实施，促进科技成果转化，明确规定了若干实施条款
《关于企业委托境外研究开发费用税前加计扣除有关政策问题的通知》（财税〔2018〕64号）	财政部、税务总局、科技部	为进一步激励企业加大研发投入，加强创新能力开放合作，就企业委托境外进行研发活动发生的研究开发费用（以下简称研发费用）企业所得税前加计扣除的有关政策问题做了具体规定

续表

文件	发文单位	主要内容
《关于2018年退还部分行业增值税留抵税额有关税收政策的通知》（财税〔2018〕70号）	财政部、税务总局	为助力经济高质量发展，2018年对部分行业增值税期末留抵税额予以退还。纳税人向主管税务机关申请退还期末留抵税额，当期退还的期末留抵税额，以纳税人申请退税上期的期末留抵税额和退还比例计算，并以纳税人2017年年底期末留抵税额为上限
《关于延长高新技术企业和科技型中小企业亏损结转年限的通知》（财税〔2018〕76号）	财政部、税务总局	为支持高新技术企业和科技型中小企业发展，高新技术企业和科技型中小企业亏损结转年限自2018年1月1日起，当年具备高新技术企业或科技型中小企业资格（以下统称资格）的企业，其具备资格年度之前5个年度发生的尚未弥补完的亏损，准予结转以后年度弥补，最长结转年限由5年延长至10年
《关于进一步扩大小型微利企业所得税优惠政策范围的通知》（财税〔2018〕77号）	财政部、税务总局	为进一步支持小型微利企业发展，自2018年1月1日至2020年12月31日，将小型微利企业的年应纳税所得额上限由50万元提高至100万元，对年应纳税所得额低于100万元（含100万元）的小型微利企业，其所得减按50%计入应纳税所得额，按20%的税率缴纳企业所得税

创新链条

文件	发文单位	主要内容
《关于建设第二批大众创业、万众创新示范基地的实施意见》（国办发〔2017〕54号）	国务院办公厅	通知从总体目标、政策举措、步骤安排三个方面详细说明
《证监会关于开展创新企业境内发行股票或存托凭证试点若干意见的通知》（国办发〔2018〕21号）	国务院办公厅转发	试点企业可根据相关规定和自身实际，选择申请发行股票或存托凭证上市。允许试点红筹企业按程序在境内资本市场发行存托凭证上市；具备股票发行上市条件的试点红筹企业可申请在境内发行股票上市；境内注册的试点企业可申请在境内发行股票上市

续表

文件	发文单位	主要内容
《关于科技人员取得职务科技成果转化现金奖励有关个人所得税政策的通知》（财税〔2018〕58号）	中国保监会	现阶段治理行业乱象、补齐制度短板、防范系统性风险的有效举措，也是提高行业风险管理水平的重要制度安排
《信用保证保险业务监管暂行办法》（保监财险〔2017〕180号）	中国人民银行营业管理部、中国银行业监督管理委员会北京监管局、中关村科技园区管理委员会	旨在强化金融对北京加强全国科技创新中心建设、中关村示范区加快建设具有全球影响力的科技新中心的支撑作用
《关于进一步推动中关村国家自主创新示范区科技金融专营组织机构创新发展的意见》（银管发〔2017〕260号）	科技部、中国工商银行	双方将加强科技金融合作，支持科技成果转化和产业化，促进大众创业、万众创新。该通知从合作机制建立、科技企业、重大科技创新项目、科技园区金融服务、科技企业金融产品和服务创新、科技企业投融资技术评估政策引导和联动等多方面进行了工作部署
《融资担保公司监督管理条例》（中华人民共和国国务院令第683号）	国务院	为了支持普惠金融发展，促进资金融通，规范融资担保公司的行为，防范风险
地方探索		
文件	发文单位	主要内容
《北京市加快科技创新发展科技服务业的指导意见》	中共北京市委办公厅	为北京市加快发展科技金融服务业，深化科技金融改革，积极推动科技和金融结合，更好地满足科技创新和成果转化的多元化融资需求提出相关任务要求
《关于〈中关村国家自主创新示范区促进科技金融深度融合创新发展支持资金管理办法〉的通知及实施细则（试行）》（中科园发〔2017〕38号）	中关村科技园区管理委员会	旨在通过对中关村示范区企业和金融机构进行资金支持，完善科技金融服务政策环境，促进金融与科技、产业、经济深度融合，建立适合中关村示范区企业全生命周期发展的综合金融服务体系，加快推动普惠金融和绿色金融发展，加快建设中关村国家科技金融创新中心

文件	发文单位	主要内容
《中关村国家自主创新示范区科技型小微企业研发费用支持资金管理办法（试行)》（中科园发〔2018〕12号）	中关村科技园区管理委员会	为进一步发挥中关村科技型小微企业在推动科技创新、促进战略性新兴产业发展方面的重要作用，鼓励企业加大研发投入，提升发展质量，加快做优做强，制定了相关支持内容和标准
《上海市创业投资引导基金管理办法》（沪府发〔2017〕81号）	上海市发展改革委、市财政局（上海市人民政府批转）	为加快推进上海具有全球影响力的科技创新中心建设，充分发挥创业投资机制促进创新创业活动的积极作用，进一步规范上海市创业投资引导基金的管理与运作
《关于加快推动创业投资发展的实施意见》（陕政发〔2017〕53号）	陕西省人民政府	总体目标为到2020年，全省创业投资规模超过1000亿元，培育以创业投资业务为主的创业投资机构100家以上，形成主体多元、资本富集、人才集聚的创业投资体系，将陕西省打造成西部地区具有较大影响力的创业投资中心
《关于加快科技金融体系建设促进科技创新创业的若干意见》（宁政发〔2017〕142号）	南京市政府	从11个方面为着力打造科技金融"南京样本"提供了指导